【旅游产业创新与发展丛书】

文旅体产业融合发展

——以成都市文旅体产业生态圈为例——

刘宏　胡立琴　叶艳◎著

THE INTEGRATED DEVELOPMENT OF CULTURAL TOURISM AND SPORTS INDUSTRY:
—Take Chengdu Cultural Tourism (Sports) Industry Ecosystem as an Example

经济管理出版社
ECONOMY & MANAGEMENT PUBLISHING HOUSE

图书在版编目（CIP）数据

文旅体产业融合发展：以成都市文旅体产业生态圈为例/刘宏，胡立琴著. —北京：经济管理出版社，2022. 6

ISBN 978-7-5096-8540-2

Ⅰ. ①文…　Ⅱ. ①刘…　②胡…　Ⅲ. ①体育产业—关系—文化产业—产业发展—研究—成都　②体育产业—关系—旅游业—产业发展—研究—成都　Ⅳ. ①G812. 771. 1　②G127. 771. 1　③F592. 771. 1

中国版本图书馆CIP数据核字（2022）第105949号

组稿编辑：王光艳
责任编辑：王光艳　王玉林
责任印制：黄章平
责任校对：张晓燕

出版发行：经济管理出版社
（北京市海淀区北蜂窝8号中雅大厦A座11层　100038）
网　　址：www. E-mp. com. cn
电　　话：（010）51915602
印　　刷：北京晨旭印刷厂
经　　销：新华书店
开　　本：720mm×1000mm/16
印　　张：12. 25
字　　数：187千字
版　　次：2022年6月第1版　　2022年6月第1次印刷
书　　号：ISBN 978-7-5096-8540-2
定　　价：68. 00元

前　言

近年来，成都市在以往取得成绩的基础上，加快了“5 + 5 + 1”现代工业系统的建设，着力打造工业和创新生态链，促进全市产业功能区精准化定位、协同化发展和动态化布局。成都市政府将原来的17个产业生态圈进行整合，将原有的文化创意产业和原有的旅游、体育产业生态系统整合为成都市文旅体生态系统。在政府鼓励与产业生态圈的自身努力下，成都市文旅体产业呈现高速发展的势头，在成都市社会经济发展中的作用日益凸显。因此，如何推动文旅体产业生态圈的融合与发展成为当今关注的热点话题之一。本书的主要研究内容如下：

第一，以相关文献为基础，建立了文化、旅游、体育行业的耦合模型。首先，建立了文化产业、旅游产业、体育产业的评价指标体系，并采用“极差”标准化方法对其进行规范化处理，以保证各指标的可比性；其次，利用熵值法对耦合度的各个指标进行加权计算，并对文化、旅游、体育产业进行综合度量；最后，通过对五个城市文化、旅游、体育行业耦合协调度的研究，测算出了三个行业的耦合发展水平。

第二，首先，运用“钻石模型”理论，根据产业功能区的特点，在原有六大要素基础上，结合成都市产业功能区的特点，添加“创新能力”“企业经营”两个新要素，形成“新钻石模型”理论。其次，通过“新钻石模型”理论构建文旅体产业生态圈的影响测度指标体系，并设计文旅体产业生态圈影响测度指标体系重要性问卷，发放给专家填写。最后，根据专家填写的意见，采用AHP方法确定各指标的权重，并对其进行解释，了解不可抗力因素对文旅体产业生态圈融合的影响情况。

第三，以成都市文旅体产业生态圈15个产业功能区为研究对象，通过收集《成都统计年鉴》（2010～2019）与《国民经济和社会发展统计公报》（2010～2019年）中的相关信息及在网站上查询，结合对产业功能区的现场调研，分析成都市文化产业、旅游产业、体育产业，以及文旅体产业生态圈的现状，并设计成都市文旅体产业生态圈影响测度调研问卷，发放给产业功能区相关产业人员填写，并根据问卷的填写信息，运用模糊综合评价法分析问卷数据、处理问卷。根据问卷分析情况，基于投入—产出视角进行分析，从吸引投资、园区运营、创新能力、企业经营四个维度分析成都市文旅体产业融合的影响因素，并对产业生态圈功能区进行分类评价。

第四，根据成都市各类产业功能区的不同特点提出分区域政策建议。主要根据产业功能区的实际情况，提出符合产业功能区特点的策略建议。此策略建议从政府、园区、企业、支持与保障体系四个维度展开，对不同影响类型的产业功能区提出有所侧重的提振策略。为了保证所提策略能够落地，也提出了实施要点。

目 录

目　录

1　问题的提出

2　相关领域研究综述

4 文旅体产业耦合发展比较研究

5 文旅体产业融合的现状分析

6 研究设计

7 指标体系的构建

9 提振策略研究

10 研究结论及未来展望

参考文献

附　录

1 问题的提出

1.1 近年来成都市文旅体产业生态圈的发展

党的十九大以来，中央高度重视统筹文化、体育、旅游产业发展。《促进中国体育旅游发展倡议书》《关于加快发展旅游业的意见》《关于加快发展体育产业的指导意见》等一系列的政策，都是国家大力发展体育产业的重要内容，明确提出了“创新、协调、推进体育产业与相关产业的互动发展，以体育旅游（会展）为重点，促进体育旅游等相关业态的发展”的未来发展方向。

文化、旅游与体育的融合是产业融合化、智能化发展的深刻体现。推动文旅体产业融合既是贯彻落实新发展理念的必然要求，更是满足新时代人民群众美好生活需要的有效路径。成都市为顺应这一趋势，在以往取得成绩的基础上，为加快建设“5+5+1”现代产业体系，聚焦产业生态圈、创新生态链，推进全市产业功能区建设，将原有产业功能区的范围、定位、名称、主导产业等进行再论证、再聚焦、再细分，调整后，全市产业功能区总数保持66个不变，产业生态圈数量由17个调整为14个，将原有的文化创意产业和原有的旅游、体育产业生态系统整合为成都市文旅体生态系统。

近年来，成都市文旅体产业呈现高速发展的势头，在成都市的经济和社会发展中，其地位越来越突出。根据表1－1相关数据统计，2019年成都市文旅体产业拥有广阔的发展前景及巨大的发展潜力，但产业发展过快会存在整合程度低、协调性差、管理能力不足等问题。

表 1-1　成都文旅体产业相关数据统计

指标	指标值	同比增长
文创产业增加值	1459.80 亿元	24.50%
旅游总收入	4663.50 亿元	25.61%
接待游客	2.80 亿人次	15.24%
接待入境游客	381.43 万人次	12%
体育产业收入	730 亿元	15.50%

为了充分挖掘文旅体消费的潜能，推动文旅体产业创新发展，成都市人民政府办公厅印发了《培育文旅消费新业态推动文旅产业创新发展实施方案》（以下简称《方案》），指出如下几点：

1.1.1　发展“感知浪漫”音乐演艺新业态

成都市将以打造高质量音乐表演为核心竞争力的“国际音乐之都”为目标，加速推动 AR（增强现实）、VR（虚拟现实）、MR（混合现实）、XR（扩展现实）、5G 等先进技术，不断深化音乐表演、演艺活动、互动体验，提高都市的浪漫接纳意识，打造“成都新乐”品牌。

成都市将大力支持以金沙文化中心为代表的娱乐场所，规划建设一批沉浸式剧场、音乐厅、戏剧厅；以双子塔、大邑县安仁古镇等城市地标、著名景点为依托，深入挖掘蜀汉文化、民俗文化等传统文化，引进具有代表性和有影响力的音乐、戏剧、光影表演、演艺表演，营造一片浸入式的旅游景区；每年举办 500 多场著名演出，10 个以上表演节目。

1.1.2　开发具有特色的“雅致小隐”新业态

成都市将积极适应旅游业由观光型向度假型、中转地向目的地转变的新潮流，围绕个性化、多样化、高质量的旅居需要，以川西林盘、景区景点、历史街巷、天府古镇等特色资源为核心，打造“最成都 · 新宿”品牌。

例如，成都市将加速打造精品民宿聚集区，不断推出一批温馨、舒适的高品质休闲住宿体验地；每年建设 1 个以上的民宿产业集聚区、5 家以上的文化主题旅馆（客栈）、20 家以上的精品民宿。

1.1.3 发展“乐活风尚”休闲运动新业态

成都市将在创建全国体育消费示范城市的基础上，通过“运动成都”的一系列活动，加速打造时尚的、多元化的体育消费场景，打造“最成都·新动”品牌。

扶持建设一批以户外运动、运动培训、休闲度假、健身康养为特色的体育休闲小镇，以及体育与旅游相结合的全国体育产业示范工程；在旅游景点、天府古镇、旅游度假区、文化创意产业园区，大力发展一批新型的运动消费项目，如山地运动、水上运动、低空运动、汽摩、极限运动、电子竞技等；以融创文旅城、西岭雪山为载体，开展冰雪体育相关的体育赛事、节庆活动，大力发展冰雪体育消费；大力发展“绿色健康活力之都”“户外运动休闲之城”，全年培育 50 多个新的体育时尚消费场景，培育一大批体育消费领军品牌。

1.1.4 打造“烟火成都”特色餐饮新业态

成都市将着力打造“世界美食之都”，加速打造特色美食体验新场景，促进美食与演艺、戏剧、赛事、博物馆的跨界融合，打造“最成都·新食”的创意和个性化餐饮体验。

具体来说，成都市将充分挖掘川菜川茶、老建筑、老故事等历史文化的商业价值，推进特色餐饮街区的更新和发展，传承和培育一批具有“成都味儿”特色的老字号店铺；鼓励在新建社区开发时尚创意餐厅、社区食堂、全息餐厅、智慧餐厅等多种类型的综合餐厅，让游人在街坊里、巷中领略成都的市井气息和慢生活；每年吸引 10 家新的特色餐饮品牌，推出 5 场以上的特色餐饮节活动。

1.2 成都市文旅体产业发展 SWOT 分析

SWOT 是美国学者韦里克在 20 世纪 80 年代提出的一种策略分析方法，它是对外部环境和内部环境的综合分析。本书通过 SWOT 分析方法，对成都市文旅体产业的优势与劣势，以及外部的发展机遇与行业危机进行全面的分析。

1.2.1 内部优势分析（S）

1.2.1.1 历史文化和自然资源的先天优势

成都市自古就被誉为“天府之国”，有着悠久的历史、深厚的文化和美丽的风景。成都市是第一个被列入国家历史文化名城的城市，拥有世界文化遗产 1 个，17 个国家级、49 个省级、55 个市级及 300 多个县（区）级文物保护单位；现有文物建筑 22 个、省级名镇 4 个、各种博物馆 23 个、馆藏 245000 多件。其中，以金沙为代表的古蜀文化、以都江堰为代表的水文化、以武侯祠为代表的三国文化、以杜甫草堂为代表的盛唐文化、以佛教和道教为代表的宗教文化，都表明成都是一个具有丰富文化资源的都市，显示了其崇高的文化地位。

1.2.1.2 交通便利，区位优越

成都市地处西部的重要区位，是进出西藏自治区的门户，同时也是西南、西北和华中三大区域的纽带；成都双流机场位于欧亚航线的中点，年客运量达 6300 万人次，成都航空公司把成都的业务拓展到了全球市场，并直接面向欧洲和中东，是我国西部重要的经济中心。成渝双城经济圈近年来发展迅速，两大重要经济圈的协同合作推动了中国内地的对外开放进程。如今，成渝双城经济圈已成为西部经济最发达、最开放、最繁荣的区域之一。

1.2.1.3 人口众多，形成巨大的内部市场需求

成都市是西部科技、文化、金融的中心，近几年来发展迅猛，并从多个方面进行了积极的改革。成都市各产业系统日趋健全，经济增长能力日益加强，对人才的吸收能力也在不断提高。与此同时，居民收入稳定增长，人民对高质量生活的追求促使旅游、创意产业等方面的消费潜能得到释放，消费能力得到了持续提高。成都市以其城市特色为热点进行重点推广，美食文化、休闲娱乐产业、城市文化产业等成为新的旅游发展重点。

1.2.1.4 创新多元文化氛围浓厚

成都市是西南地区一个多维度的中心，它具有很强的接受和吸纳能力。此外，成都市具有浓郁的文化气息，融合了巴蜀文化、古代蜀国文化和现代艺术。成都在多元文化的交融中，接纳了各种不同风格的新兴事物。成都市在文化产业方面进行了多方面的努力，终于使文化产业呈现出蓬勃、多姿多彩的发展态势。锦江河畔是国内首个以艺术馆为中心的艺术区；世界上最大的浸入式戏剧《成都偷心》门票秒光；明堂、东郊记忆、7322 军工厂等文化产业园区，已成为新一轮的热门旅游景点；成都市各大场馆内，各种文化展览、艺术展览吸引了来自全国各地的游客。成都以其极强的接受和包容能力，使各种新的文化旅游业态和模式在这里得到了更好的发展。

1.2.2 内部劣势分析（W）

1.2.2.1 旅游产品的行业定位不能满足高质量的旅游需求

成都市城市文旅体一体化、区域一体化、资源联动开发的观念不强，资源分布比较分散，整合能力不强，文化产业和品牌文化不够突出，产业融合意识不足，创意性策划不够新颖，文旅体融合发展的总体思路和理念还相对滞后。

1.2.2.2 高水平的资源禀赋与工业发展不相适应

首先,旅游业发展水平较低。目前的旅游产品大多是直接使用传统的旅游资源,仍处于浅层次、粗放的旅游开发阶段,缺少深度和精细的加工。其次,成都市龙头企业的拉动作用较弱。由于文旅体资源开发与管理的松散,使旅游业很难形成规模,难以实现由大到强、由量到质的转变。最后,成都市缺乏文化创意和科学技术的应用。此外,由于成都市旅游资源分散,无法形成产业集群,缺乏主题线路、特色产业集群等的统筹规划,使游客在旅游过程中,单个消费占据主导地位,尚未形成产业集群化和空间聚集化,不利于带动各项旅游产品的消费。

1.2.2.3 需要深度挖掘其文化产品价值

成都市科技与旅游产业的融合、文化旅游创意产业仍处在发展初期,科技、文创作为新“催化剂”“动力源”的功能尚未完全发挥出来。在旅游业方面,旅游资源的开发还不够充分,对旅游精品路线的开发力度不足,对一些旅游产品的市场推广能力较弱。就历史文化资源而言,其具有公益性,基于保护优先的特点,它在能够市场化的方面缺少开发和创新。与此同时,成都市的文化资源还处在市场化的初级阶段,规模偏小,没有形成一批具有国际影响力的大型企业集团。

1.2.3 外部机遇分析(O)

1.2.3.1 优越的政策、战略条件

国家明确将成都市定位为国家中心城市,作为带动全国高质量发展的重要增长极,作为西部崛起、生态保护和高质量发展战略与对外开放战略的代表。成都市在全国城市发展战略中的地位越来越重要。成都市已成为我国具有明显政策叠加优势的内陆城市,也是国家战略布局中的重点城市,这给文化旅游体育产业高质量发展注入了活力和动力,也带来了前所未有的机遇。

1.2.3.2 社会观念的转变、社会需求增强

一是随着经济和科技的发展,人们的社会观念发生了变化;二是四川省拥有庞大的人口和多元化的社会需求,加之成都市的辐射能力不断提升,对外省乃至海外的吸引力不断加强。

1.2.3.3 抢抓消费机遇

2020 年 5 月,四川省政府工作报告为全省文旅体产业的复苏之路到底应怎么走指明了方向。四川省文旅体新发展工作应通过抢抓文化、旅游和体育消费扩容提质这个难得的消费机遇,乘势将文旅体消费领域“推广标准化、示范化、品牌化”的“三化”与“深入实施增品种、提品质、创品牌”的“三品”战略更好地相融,并力求做好、做强。

1.2.4 外部威胁分析 (T)

1.2.4.1 地区同质化发展竞争

近几年,我国逐步推进了文化旅游的发展,并建成了一批具有较高吸引力和较新颖的旅游景区,比如成都的宽窄巷子、重庆的洪崖洞、西安的大唐不夜城等。随着旅游景区的快速发展,景区之间的竞争日益激烈,旅游景区的建筑布局、娱乐方式不断地被复制,越来越多的旅游景区暴露出了同质化的问题。与成都市相比,重庆市、西安市和昆明市等城市的旅游业发展迅速,成为成都市的有力竞争对手。受周边环境的制约,成都市要想大力发展文化旅游经济,必须改革旅游行业模式,调整产业结构,进而推动其发展。

1.2.4.2 与全国中心城市的联系不强

成都市旅游资源管理在制度方面存在一定问题。在发展过程中,由于缺少整体的统筹规划,各部门之间的联系不强,存在多头管理、各自为战、开发无序等问题。没有形成合力,集群效应无法体现,综合吸引能力不足,没有形成规模

优势,核心竞争能力不强。

1.2.4.3 行业所需人才缺口较大

成都市文旅体产业融合发展水平相对较低,文旅体企业不强,人才的工资、福利、发展的空间都十分有限。人才短缺是制约旅游高质量发展的重要因素,并在一定程度上形成了相互影响的恶性循环。当前,我国的文旅体产业拥有大量的从业人员,但缺乏高层次的专业人才;文旅体人才的职业认同程度较低,文旅体相关专业的毕业生大量外流。

1.3 研究目的及意义

1.3.1 研究目的

首先,本书以成都市为例,采用扩展后的"钻石模型"理论,构建文旅体产业生态圈影响测度的指标体系,通过指标分析来评价文旅体产业生态圈融合情况;其次,基于投入—产出的视角,对产业功能区进行分类,划分出受影响的不同类别;最后,基于不同产业功能区受影响的实际情况,提出分区域提振策略建议,争取达成精准施策的目标。

1.3.2 研究意义

1.3.2.1 理论意义

本书主要梳理了近年来我国文化产业、旅游产业、体育产业,以及文旅体产业融合的相关文献,了解了我国文化、旅游、体育产业融合的现状,分析了文旅产业、体育产业融合中出现的问题并提出对策建议。在"钻石模型"理论的基础上,根据文旅体产业的特点,增加"创新能力""企业经营"两个维度,构成"新钻石模型"。本书拟通过层次分析法和模糊综合评价法,筛选出成都市文旅体产业生态圈影响测度指标体系的指标，分析各个指标的关联度和指标权重，初步建立了科学实用的文旅体产业生态圈影响测度的指标体系。本书进一步创新了“钻石模型”理论，丰富了文化、旅游、体育产业的理论基础，对文化、旅游、体育产业的发展具有一定的理论意义。

1.3.2.2 实践意义

本书重点分析了文旅体产业生态圈的影响测度，基于“新钻石模型”构建影响测度指标体系，并尝试对指标体系进行评价与分析，从而为文旅体产业在面临重大不可抗力因素事件时的对策与建议，提供理论支持和参考。本书还分析了成都市文旅体产业生态圈的15个产业功能区的实际状况，通过专家调查、实地走访、文献收集、问卷调查等方法，为成都市文旅体产业生态圈分区域提振策略提供信息支撑。这一研究有助于政府精准施策，在最短的时间内恢复文旅体产业的发展，进而适应环境变化，进行前瞻性的战略部署，不仅为成都市的文旅体产业发展打开新的思路，而且为四川省乃至全国的文旅体产业复苏与进一步发展提供借鉴。

2 相关领域研究综述

2.1 概念界定

2.1.1 文化产业

2.1.1.1 文化产业的定义

文化产业最早于20世纪中期在美国崛起,从此美国从文化资源小国摇身变成文化输出大国。国与国之间的竞争不仅包括“硬实力”竞争,还包括“软实力”竞争,而文化产业是竞争中重要的一环。

随着中国综合国力的提升,中国于21世纪初期提出了文化产业的概念。自此以后,文化产业发展政策和体制改革逐渐完善深化,学术界关于文化产业的著作和理论大量涌现。文化产业在各国有着不同的定义。1986年,教科文组织把文化产业界定为以下十大类:文化艺术创造表达形式、文化古迹和文化遗产、音乐、表演艺术、视觉艺术、著作和文献、视听媒体、音频媒体、体育和游戏、环境和自然,随后各国即在此基础上制定了适合自己国情的标准和概念。我国文化产业界将其定义为对于社会公众所需要的文化产品及其他与文化有关产品进行的生产经营活动的集合。

2.1.1.2 文化产业的分类

2018年新修订的《文化及相关产业分类》(以下简称《分类2018》)对“文化

产业”进行了重新定义:“文化及相关产业”是指向社会大众提供与其有关的文化产品的生产活动,并把文化及相关产业划分为9个大类、43个中类和146个小类,具体分类如表2-1所示。

表2-1 文化及相关产业分类

类别	大类	中类
文化核心领域	新闻信息服务	新闻服务、报纸信息服务、广播电视信息服务、互联网信息服务
	内容创作生产	出版服务、广播影视节目制作、创作表演服务、数字内容服务、内容保存服务、工艺美术品制造、艺术陶瓷制造
	创意设计服务	广告服务、设计服务
	文化传播渠道	出版物发行、广播电视节目传输、广播影视发行放映、艺术表演、互联网文化娱乐平台、艺术品拍卖及代理、工艺美术品销售
	文化投资运营	投资与资产管理、运营管理
	文化娱乐休闲服务	娱乐服务、景区游览服务、休闲观光游览服务
文化相关领域	文化辅助生产和中介服务	文化辅助用品制造、印刷复制服务、版权服务、会议展览服务、文化经纪代理服务、文化设备(用品)出租服务、文化科研培训服务
	文化装备生产	印刷设备制造、广播电视电影设备制造及销售、摄录设备制造及销售、演艺设备制造及销售、游乐游艺设备制造、乐器制造及销售
	文化消费终端生产	文具制造及销售、笔墨制造、玩具制造、节庆用品制造、信息服务终端制造及销售

资料来源:国家统计局《文化及相关产业分类(2018)》。

2.1.2 旅游产业

2.1.2.1 旅游产业的定义

旅游产业被视为引爆产业,即旅游业在国民经济发展中可以起到爆炸性的经济推动作用,反映在旅游业收入1元,整体社会收入包括服务收入和个人收入都将提高5~7元。国内把旅游业归纳到第三产业,而西方有些国家视其为第五产业。第五产业是指在大量闲暇时间增多的情况下,出现以满足闲暇服务为目的的产业，有学者称其为康乐伦理产业。出现这种差异的主要原因是，目前国内外对旅游产业的定义、构成和产业类型划分，还未达成共识。本书认为，旅游产业是以满足游客日益增长的精神文化消费为目的，以旅游资源为依托，进而带动与“食、住、行、游、购、娱”有关的行业服务团体集聚体。

2.1.2.2 旅游产业的分类

旅游产业有狭义和广义之分。狭义的旅游业是指从事旅游商品或提供旅游服务的企业，包括旅行社、饭店等。而广义的旅游业则涵盖了食、住、行、游、购、娱六个环节的旅游及其相关部门。《国家旅游及相关产业统计分类(2018)》将旅游业定义为：为游客提供直接的食、住、行、游、购、娱等产品和服务的综合产品或服务的集合；将旅游相关行业定义为：为旅客提供“旅游配套服务”“政府旅游管理服务”等活动的集合。在此基础上，根据国家统计局的数据，旅游业和相关产业被划分为两个部分，其中包括9个大类、27个中类、65个小类，具体分类如表2-2所示。

表2-2 旅游业及相关产业分类

类别	大类	中类
旅游业	旅游出行	旅游铁路运输、旅游道路运输、旅游水上运输、旅游空中运输、其他旅游出行服务
	旅游住宿	一般旅游住宿服务、休养旅游住宿服务
	旅游餐饮	旅游正餐服务、旅游快餐服务、旅游饮料服务、旅游小吃服务、旅游餐饮配送服务
	旅游游览	公园景区游览、其他旅游游览
	旅游购物	旅游出行工具及燃料购物、旅游商品购物
	旅游娱乐	旅游文化娱乐、旅游健身娱乐、旅游休闲娱乐
	旅游综合服务	旅行社及相关服务、其他旅游综合服务
旅游相关产业	旅游辅助服务	游客出行辅助服务、旅游金融服务、旅游教育服务、其他旅游辅助服务
	政府旅游管理服务	政府旅游事务管理、涉外旅游事务管理

资料来源：国家统计局《国家旅游及相关产业统计分类(2018)》。

2.1.3 体育产业

2.1.3.1 体育产业的定义

体育产业的发展与经济发展息息相关,人们的健康意识和消费水平的提高,增加了人们对体育运动的兴趣,促进了体育产业的繁荣。“户外运动”的由来可追溯到16世纪末的英国,20世纪50年代第二次世界大战之后,随着全球经济的恢复,体育产业迅速发展,逐渐出现职业化、全球化的特征。然而,无论是理论界还是实践中,人们至今都没有对体育产业形成统一的认识。

当前对体育产业的理解,从三个方面进行了探讨。第一种观点,根据《关于加快发展第三产业的决定》对体育产业的分类原理进行了分析和提炼,把体育产业看作是体育服务的一个标志,指出了体育产业是一个提供各种体育服务的行业;第二种观点,从体育消费与国民经济发展的关系出发,将体育产业看作是体育用品和产品的融合,认为体育产业既包括实物产品又包括体育服务和劳务,基本行业部门涉及了休闲健身、竞技表演、用品销售制造、体育传媒、博彩、饮品药品诸多类别;第三种观点,从体育产业的盈利性特征出发,把体育产业归入市场经济效益的范畴,并指出体育产业是体育系统为增加经济收入而发展起来的各类产业。

2.1.3.2 体育产业的分类

《体育产业统计分类(2019)》是在2019年第四届全国人大常委会上通过的。这一统计分类法详细地阐释了体育产业的概念,明确体育产业是指向社会提供各类体育产品(商品、服务)及与体育有关的产品的生产活动。此分类范围包括:体育管理活动,体育竞赛表演活动,体育健身休闲活动,体育场地和设施管理,体育经纪与代理、广告与会展、表演与设计服务,体育教育与培训,体育传媒与信息服务,其他体育服务,体育用品及相关产品制造,体育用品及相关产品销售、出租与贸易代理,体育场地设施建设。本书共有11个大类别、中等类别37个、小类别71个,具体分类如表2-3所示。

表 2－3　体育及相关产业分类

大类	中类
体育管理活动	体育社会事务管理活动、体育社会组织管理活动、体育保障组织管理活动
体育竞赛表演活动	职业体育竞赛表演活动、非职业体育竞赛表演活动
体育健身休闲活动	运动休闲活动、群众体育活动、其他体育休闲活动
体育场地和设施管理	体育场馆管理、体育服务综合体管理、体育公园及其他体育场地设施管理
体育经纪与代理、广告与会展、表演与设计服务	体育经纪与代理服务、体育广告与会展服务、体育表演与设计服务
体育教育与培训	学校体育教育活动、体育培训
体育传媒与信息服务	体育出版物出版服务、体育影视及其他传媒服务、互联网体育服务、体育咨询、体育博物馆服务、其他体育信息服务
其他体育服务	体育旅游服务、体育健康与运动康复服务、体育彩票服务、体育金融与资产管理服务、体育科技与知识产权服务、其他未列明体育服务
体育用品及相关产品制造	体育用品及器材制造、运动车船及航空运动器材制造、体育用品相关材料制造、体育相关用品和设备制造
体育用品及相关产品销售、出租与贸易代理	体育及相关产品销售、体育用品设备出租、体育用品及相关产品贸易代理
体育场地设施建设	体育场馆建筑和装饰装修、体育场地设施工程施工和安装

资料来源：国家统计局《体育产业统计分类（2019）》。

2.1.4　产业融合

产业融合研究视角不同，学者对其则有不同的定义，主要是从技术融合、产业边界模糊发展、系统耦合论的角度阐述。技术融合，也就是学术界关于产业融合的话题，最早起源于计算、印刷、广播等数字技术的兴起，形成了行业的交叉，在此基础上，产业重叠的行业将成为最有发展潜力和创新能力的行业。波特等将技术创新与技术融合视为推动产业融合的重要因素。

周振华教授是产业融合业内最有权威的学者之一。他认为产业融合是指各行业之间的界限越来越模糊，行业之间的联系越来越紧密，逐步形成一个整体，从而成为工业发展和经济发展的新动力。

从系统论的观点来看，产业融合是一个复杂的、动态的、开放的系统，是两个或更多的工业体系中的各个组成部分在时间和空间维度上相互联系、相互渗透、相互竞争和合作。本书根据成都市自身的现状，采用产业融合协调模型，探讨文旅体产业融合是否具有接近性、交互性和协同促进性。

2.2 相关理论研究

2.2.1 产业融合相关理论研究

随着全球经济一体化进程的加快，各行业间的交往不断地加强，行业间的联系愈加紧密，产业的发展迎来了新的变革。在科技创新与发展的同时，逐步形成了一种新的经济发展机制——产业融合。

国外的学者在产业融合方面也有很多的研究成果。美国学者 Rosenberg (1963)首先提出了“融合”，并把“一般技术”传播到各个行业中的现象称为“技术融合”。Blackman(1998)将产业融合定义为技术服务与产业结构演化的趋向。基于技术层面，Choi & Valikangas(2001)提出，产业融合的实质是技术创新，通过技术革新降低行业准入门槛，降低行业壁垒。Curran(2013)把产业融合解释为科学、技术、市场使产业交叉的领域的界限模糊。

自 20 世纪 90 年代起，国内许多学者都将目光投向产业融合。于刃刚是最先对产业融合问题进行深入研究的人，他于 1997 年发表的《三次产业分类与产业融合趋势》中指出：产业融合已经形成了产业整合的局面。厉无畏、王慧敏(2002)对产业融合的动态发展历程进行了论述，指出了基于技术、模式、市场等因素，邻近行业之间相互渗透、协调，逐步形成了一种新的产业融合的动态过程。2006 年，马健在其专著《产业融合论》中，明确产业融合的含义是：由于产业间的技术创新和经济控制的松动，产业间的技术融合会随着产业间的业务、组织、管理和市场的资源整合而发生变化，影响产业间的竞争和合作关系，从而使产业的边界变得模糊，最终必须重新界定产业的界限。产业融合不但可以在某种程度上突破行业壁垒，使有限的资源得到最大限度的优化和利用，也使新的参与者、新产品和新技术得以进入市场。胡永佳（2008）从“供应”和“生产”两个方面来界定产业，认为“产业”是一种资产系统，它包括了某种资产的内容和结构，并在此基础上提出产业融合的定义：产业融合是产业间分工内部化，或产业间分工转变为产业内分工的过程和结果。

综上所述，产业融合得到了学术界的广泛关注，目前主要的研究已经涵盖产业融合的原因、类型、融合路径及融合机理等方面。现将部分学者的观点总结如下：

关于产业融合原因，国内外学者的研究基本一致，认为技术的迅速发展是推动产业融合的主要因素，而监管的宽松则是推动产业融合的外部因素（见表 2－4）。

表 2－4　产业融合原因的学者观点

学者	年份	观点
Bröring 和 Leker	2007	指出了产业融合的原因，由于新技术通常被应用于产业的边缘，因此，产业的融合是由技术的发展推动的
Nathalie et al	2018	科学技术的发展使产业一体化的发展不断加强
Hu 和 Zhang	2007	主要技术创新的扩散会引起技术的融合，并进一步演化为产业融合
Curran	2013	只有在技术与市场相结合的情况下，产业的全面融合才能真正实现
Yoffie	1996	技术进步、管理创新和监管宽松是导致产业融合的重要因素
厉无畏、王慧敏	2002	高新技术及其产业作用是产业融合的助推器，生产效能和经济效益原则是产业融合的发动机。总结新产业新产品，推进产业融合的步伐

续表

学者	年份	观点
周宇、惠宁	2014	技术创新是产业融合的内在驱动力,市场需求是原始动力,放松管制是客观条件,企业追求经济效益是力量源泉
刘奎汝	2015	产业融合是指在不同的产业或相同的产业中,互相渗透、交叉的一种经济现象。认为技术不断发展、合作竞争压力、跨国公司的出现、政府支持是产业融合的原因
李丽、徐佳	2020	人力资本、创新水平、对外开放水平是影响中国文化与旅游产业协调发展的主要因素,东中西部文旅体融合协调发展影响因素存在差异,人力资本是当前各区域文化、旅游、体育产业协调发展的关键因素之一

关于产业融合类型,不同的学者从不同的角度出发,提出不同的观点(见表2-5)。

表2-5 产业融合类型的学者观点

学者	年份	观点
周宇、惠宁	2014	从产业边界的视角、产业演进的视角研究产业融合的类型。其中边界的视角主要体现在技术融合、业务融合、运作的融合、市场的融合;演进的视角集中于高新技术之间相互渗透融合、传统产业之间的延伸融合、传统业务的内部组合
王翔、肖挺	2015	基于实证角度对产业融合进行了计量,认为按融合模式将产业融合分为跨产业之间的融合和产业内部之间的融合
黄群慧、霍景东	2015	从产品角度看,产业融合可分为互补型与替代型
李燕燕等	2015	指出体育产业融合当前发展主要呈现需求主导性、价值延展性、创新系统性、规制协调性四大特征,根据不同产业范围内价值链解构与重构特征,体育产业融合可分为重组型融合、交叉型融合、综合型融合三个基本类型
邬燕、周国忠	2018	从博弈社会中的发展历程可以看出,产业融合可以分为三种:被动渗透式融合、主动延伸式融合、互动式融合

关于产业融合机理,国内外学者从不同的方面,提出不同的观点(见表2-6)。

表 2－6　产业融合机理的学者观点

学者	年份	观点
Hacklin et al	2009	从知识、技术、实践和产业四个方面论述了产业融合的四个阶段
胡金星	2010	产业融合从无到有的过程是一个产业构成要素的扩散和整合的过程。其中技术融合是基础,为产业融合创造了条件,开放的产业体系为行业整合创造了条件,而模块化的分工推动了企业的整合和产品的创新,最后形成了一个集成的产品,也就是产业的融合
严奇春、和金生	2013	产业融合是指企业的知识创新与知识传播,其融合的过程主要有:技术平台、业务、终端、市场
王星云	2019	指出产业融合具有的强正外部性,需要政府激励。其中税收激励是一个非常重要的手段,能够通过供给与需求两个方面激励产业融合的发生,并有利于产业融合的技术融合、产品与业务融合、市场融合等各个环节的发展,具有良好的激励作用
苏建军等	2020	以价值共创内涵为出发点,深度分析了价值共创促进文化、旅游、体育产业深度融合的内在机理。结果发现,价值共创是文化、旅游、体育产业深度融合的新动力,能激发新活力、营造扩散力

关于产业融合路径,各位学者从不同的侧面,提出不同的观点(见表 2－7)。

表 2－7　产业融合路径的学者观点

学者	年份	观点
单元媛、赵玉林	2012	产业融合的途径有三条,分别是以市场需求为主线形成的产业融合路径、以知识扩散为主线形成的产业融合路径、以科学技术交叉渗透为主线形成的产业融合路径
赵珏、张士引	2015	从内外部看,有两条产业融合路径——内生增长与产业间重组扩展
霍艳莲	2015	加强文化与旅游产业融合顶层设计、做好载体融合以深化文化与旅游产业融合力度、让市场在促进文化与旅游产业融合中发挥关键作用是文化产业与旅游产业融合的路径
杨懿、时蓓蓓	2020	健康旅游是一种新兴的朝阳产业,近年来已经成为国内外学者关注的热点。文中从产业融合的角度切入,提出健康旅游的融合可以分为资源延伸、功能延伸、服务渗透和技术渗透四大类

2.2.2 “钻石模型”理论及其运用

2.2.2.1 基本理论

波特的“钻石模型”理论也被称为钻石理论、菱形理论和国家竞争优势理论。美国哈佛大学教授迈克尔·波特在《国家竞争优势》一书中,提出了“钻石模型”。波特的“钻石模型”被用来研究某一特定行业在世界范围内具有竞争优势的原因。波特提出四个决定国家某一特定行业竞争力的主要因素:一是人力资源、自然资源、知识资源、资本资源和基础设施;二是国内市场的需求状况;三是有关行业与支撑行业的表现,以及相关的上游行业是否具备国际竞争力;四是企业的战略、结构及竞争对手的业绩。波特把这四大因素看作是一个相互影响的“钻石模型”。除上述四个因素以外,还有政府和机遇这两个变量。虽然机遇无法预测,但我们也不能忽视政府政策的影响。这些因素被称为影响产业国际竞争力的“钻石模型”。波特的“钻石模型”具体如图 2-1 所示。

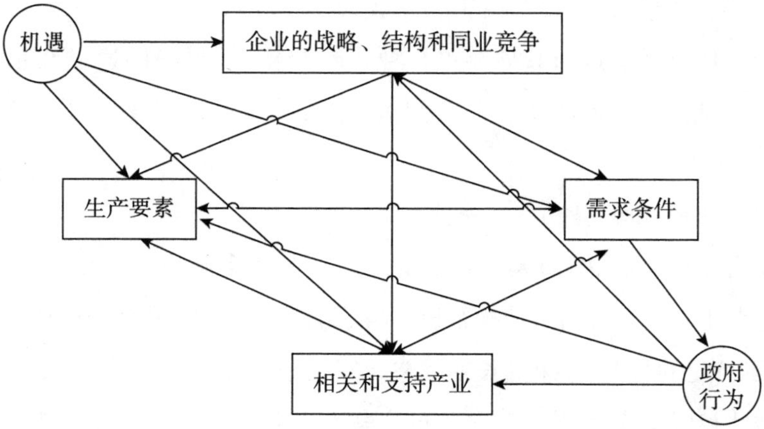

图 2-1 波特的“钻石模型”

(1)生产要素

生产要素是指在某一具体产业中,进行生产活动所利用的土地、劳动力、资金等资源。波特将其划分为初级生产要素和高级生产要素。初级生产要素指天然的资源，例如，肥沃的土地、生态环境的好坏，以及其他特有的自然资源；高级生产要素需要不断地进行人力改造或者资本投资，其主要由一些科研机构、高素质的人才以及机械化、专业化的基础设施等组成。

(2)需求条件

波特的“钻石模型”把国内市场上的需求要素称为需求状况。比如需求结构、需求数量、需求的重点等。这一理论认为，商品生产者最了解顾客的需要，而国内的需求状况对产品的特性和创新有很大的影响。首先，制造商为最大限度地提高利益，会尽量满足顾客的需要，并尽力提高产品的品质，减少生产成本，使顾客购买到更好、更便宜的商品；其次，基于当前的市场发展状况，消费者对产品的需求越来越个性化、多元化，而买家的特殊需要将促使商家开发新的产品、开拓新的市场；最后，市场对产品的需求不断增加，使企业能够更好地进行竞争，从而实现规模效益的最大化。

(3)相关和支持产业

一条完整、高效的产业链，可以实现企业的规模效益，增强企业的竞争能力。波特建议国内的供应商在国际上有一定竞争力的情况下，可以通过物流将产品以最经济的价格提供给中间企业，使中间商在价格竞争上具备更大的优势。同时，可以通过与其他相关行业进行合作，以最快的速度在市场上进行产品的销售，这不但能使企业获利更多，而且对下游行业也有一定的推动作用。

(4)企业的战略、结构和同业竞争

“钻石模型”理论的四大要素中的最后一个是企业的战略、结构和同业竞争，其重点研究了企业内部结构组成、层次结构和竞争对手对企业竞争力的影响。对于特定的行业，如果其长期战略、经营模式、组织形式等具有更强的科学性、前瞻性和可持续性，将会对公司的竞争力产生积极的影响，从而提高行业的整体竞争力。

(5)政府行为

政府行为要素是指政府通过制定各种经济政策、执行市场规则等手段来引导企业参与市场竞争，进而实现企业的竞争优势的要素。波特指出，政府行为对四大要素的正面和负面作用只能是外在和辅助的。例如,国家制定标准、管理流通市场、调整产业结构、对生产要素条件给予补助。

(6)机遇

所谓机遇,就是在企业的运作中,出现了一些意想不到的事件,例如,自然灾害、地震、洪水,以及世界经济结构的变化。从历史发展状况进行分析可以发现,这些因素既给国家带来了一些严重的打击,又给国家带来了一些机遇。

2.2.2.2 "钻石模型"理论的应用

很多学者就"钻石模型"的应用提出了自己的观点。目前在文化、旅游、体育等产业的研究中,"钻石模型"的应用非常普遍。现将部分国内学者的观点总结如下:

(1)"钻石模型"在文化产业研究中的应用(见表2-8)

表2-8 "钻石模型"在文化产业研究中的应用的学者观点

学者	年份	观点
顾乃华、夏杰长	2007	通过研究"钻石模型"的生产要素,需求条件,支撑产业的现状,企业策略、结构与竞争对手四个要素对文化产业竞争力进行分析,相应提出提升文化产业竞争力的措施
岳德虎	2012	从"钻石模型"的四大要素出发,对广西壮族自治区文化产业的竞争力进行了阐释,并将其与政府的角色和时机相结合,进行详细的分析,从而提升广西文化产业的竞争力
高莉莉、顾江	2013	基于江苏省13个城市2007~2011年文化产业相关数据,以要素条件、需求条件、相关和支持产业、企业战略结构、政府支撑、机会、知识吸收与创新能力7个维度的"新钻石模型"为理论基础,构建区域文化产业竞争力指标体系进行实证分析,发现南京市、苏州市、无锡市是江苏省文化产业发展的"排头兵"
颜姜慧、尤莉娟	2019	以"钻石模型"理论为基础,构建文化产业对外贸易竞争力评价体系,评估了我国31个省份的行政单位文化产业贸易竞争力。研究结果显示,文化产业对外贸易竞争力强省各具自身优势,挖掘并发挥这些核心优势,是提升文化产业对外贸易实力的关键

(2)“钻石模型”在旅游产业研究中的应用(见表2－9)

表2－9 “钻石模型”在旅游产业研究中的应用的学者观点

学者	年份	观点
罗丽丽	2006	从旅游业生产要素、旅游市场的需求结构、旅游产业关联、旅游企业再造、政府职能定位、发展机遇等方面分析河南省旅游产业,并提出提升河南省旅游产业的竞争力的对策与建议
王慧玲、温艳玲	2012	认为旅游产业具有复合性,以波特“钻石模型”为基础,构建区域旅游产业竞争力模型,同时兼顾可持续发展理论和比较优势理论,分析区域旅游产业竞争力
王冲、司嵬	2019	基于“钻石模型”构建新时代旅游强省模型,并根据旅游强省指标体系及评价模型,提出了旅游强省建设的措施
卢新新	2020	运用“钻石模型”分析了三亚市旅游产业存在的不足之处。作者通过层次分析法,构建包括6个二级指标、18个三级指标的竞争力指标评价体系。运用德尔菲法对各指标进行量化打分,从而发现三亚市旅游产业存在的问题,针对问题进行分析,寻找具体的解决办法,并给出提升三亚旅游市场竞争力的对策

(3)“钻石模型”在体育产业研究中的应用

“钻石模型”理论是比较成熟的产业研究理论,但在体育产业方面的运用较少,具体如表2－10所示。

表2－10 “钻石模型”在体育产业研究中的应用的学者观点

学者	年份	观点
齐健麟、郑志强	2006	采用“钻石模型”分析中国体育用品产业竞争力的优势和劣势
董晓春、郭玉良	2012	基于波特“钻石模型”的四个关键要素,构建我国体育产业竞争优势的产业政策体系,通过对指标的分析,对我国如何提升体育产业竞争力,提出针对性的措施建议
张林玲	2015	从外部环境因素和人的因素两个方面,构建“双钻石模型”,研究四川省体育产业的竞争力,发现四川省体育产业存在体育人才匮乏、体育企业弱小、体育场地紧缺、体育产业总体规模较小的问题
孙靖皓等	2019	以孙靖皓等为代表的学者从“钻石模型”理论视角,分析江苏省体育产业存在的问题,从而提出提升的策略建议

(4)“钻石模型”在文旅体产业融合研究中的应用

关于“钻石模型”在文化产业、旅游产业、体育产业融合研究中的应用，学者们也提出了自己的看法，具体如表 2－11 所示。

表 2－11 “钻石模型”在文旅体产业融合研究中的应用的学者观点

学者	年份	观点
张武康	2017	收集 2006～2015 年陕西省文化旅游产业发展相关数据，采用“钻石模型”提炼相关指标，运用灰色多层次综合评价法，对陕西文化旅游产业国际竞争力的演进状况进行了综合评价
张春香	2018	基于修正的“钻石模型”，构建了包含 4 个层次、45 个具体指标的区域文化旅游产业竞争力评价指标体系，选择河南、陕西和湖北 3 个省份对其文化旅游产业竞争力进行评价分析
张世雯、钟一博	2020	在对西藏文化旅游行业现状进行分析的基础上，结合“钻石模型”理论，对其发展的各方面因素进行了探讨，并提出了相应的建议和意见，以求在新的形势下，提高西藏的形象，促进社会经济的发展

随着休闲时代的到来，人们更加注重身体的锻炼和心理调节的和谐发展，这也使体育旅游产业得到蓬勃发展。因此，部分学者运用“钻石模型”对体育旅游产业进行研究分析，具体如表 2－12 所示。

表 2－12 “钻石模型”在体育旅游产业融合研究中的应用的学者观点

学者	年份	观点
黄正廪	2013	以“钻石模型”理论为切入点，运用逻辑分析法和文献资料综述法，进一步分析体育旅游产业，诠释体育旅游产业与“钻石模型”的关联，分析遵义市体育旅游的竞争力，找出遵义市体育旅游发展的短板效应，提出遵义体育旅游的发展对策，为遵义体育旅游的可持续发展提出一些参考意见
单继伟	2015	以“钻石模型”为思路，从生产要素条件、国内需求条件、相关和支持产业及企业的战略、结构和竞争、政府和机遇五个维度对温州市体育旅游产业竞争力进行综合分析，并提出提升温州市体育旅游产业竞争力的建议

续表

学者	年份	观点
白银龙等	2018	采用文献研究、逻辑分析等方法，以“钻石模型”为基础，分析云南省体育旅游产业发展的困境与发展路径，发现云南省体育旅游产业发展起步慢，总体竞争力不强，并没有将资源优势体现出来。提出充分发挥资源优势和人文资源方面的优势，根据自身情况打造差异化战略的建议

2.2.2.3 “钻石模型”理论的创新发展

随着学界对“钻石模型”的不断深入研究和应用，国内外相关学者陆续发现其某些局限性和不适用性问题，不断出现各种修正版本的“钻石模型”。部分学者对“钻石模型”进行改进，在理论基础上进行创新，并提出自己的观点，具体如表 2－13 所示。

表 2－13 创新“钻石模型”的学者观点

学者	年份	观点
芮明杰	2006	提出产业竞争力的核心因素是知识的吸纳和创造能力，并在“钻石模型”中加入了“知识吸收和创造能力”，从而构成了“新钻石模型”，这样能更完整地分析产业竞争力
钱正元、周娟	2018	从知识吸收与创新能力，生产要素条件，国内需求条件，相关和支持性产业，企业战略、结构及同业竞争，政府，机遇这七个要素出发，对扬州市体育旅游产业竞争力进行分析。针对扬州市体育旅游产业的发展现状，提出提高扬州市体育旅游产业竞争力的政策建议
刘锐	2017	结合传媒企业实际，提出包含生产能力、人力资源、创新能力、市场需求、关联网络分析五要素的“新钻石模型”，探究《赫芬顿邮报》陷入“中年危机”的原因，为新媒体时代中国传媒出版企业如何保持竞争力优势，规避其中陷阱提供些许参考
谢文浩、曾栋材	2019	在原有“钻石模型”的需求条件、生产要素、相关产业支撑三个关键要素上，增加“技术创新能力”这一要素构成四个维度、15 个指标，对比北京市、广东省、江苏省和浙江省的相关数据，分析广东省新能源汽车产业的竞争力，并提出广东省新能源汽车产业发展的相关政策建议

续表

学者	年份	观点
王兴元、孙平	2005	考虑到高新技术产业集群的独特性，认为目前的体系模型具有局限性，在前人研究的基础上，提出了高新技术产业集群创新体系“双钻石模型”，并系统解释了模型结构
余晓钟等	2016	建立了一个由内、外两个层次组成的“综合双钻石”模型，共包含9个要素。其中内层要素包括生产要素，市场需求，相关产业与支持产业，企业的竞争战略、产业同构和竞争对手，企业知识吸收与创新能力；外层要素则包括政府、机遇、区位优势、文化相似性

波特“钻石模型”的一个重大缺陷是，以国内市场为主，忽视了跨国活动和国际市场对产业的影响，因此，国内外学者对波特的“钻石模型”进行修改和扩展，丰富了“钻石模型”的适用性，具体如表2－14所示。

表2－14 修改和扩展后的“钻石模型”的学者观点

学者	年份	观点
Moon 等	1998	改进“双钻石模型”，将传统的“钻石模型”分为了“国内钻石”“全球钻石”和“国际钻石”；“一般化双钻石模型”包括的四个决定因素，直接来源于传统“钻石模型”的四个决定因素
邱晓兰等	2015	借鉴“一般化双钻石模型”的科学思路，分析国内和国际经济环境及跨国活动对产业国际竞争力的影响，并针对其存在的不足，对传统的“钻石模型”进行必要的改进与完善。从国际和国内的角度，结合生产要素，需求条件，相关产业和支撑产业，企业战略、结构与竞争对手四个影响因素，分析低碳视角下中国造纸产业的国际竞争力
彭虹、王硕	2020	基于波特的四大基本因素，运用改良后的“双钻石模式”，对福建省水产品的国际竞争力进行了国内外对比。认为提高产品质量、扩大国内和国际市场的需求是提高企业国际竞争力的重要依据，相关辅助行业对其国际竞争力有直接的影响，企业的结构、战略和竞争能力是决定企业竞争力的关键

2.3 文旅体产业融合机理

2.3.1 融合动力

无论是“朝阳产业”还是“无烟产业”,文化产业、旅游产业、体育产业都有其内在属性,这三个行业的内在属性决定了它们的融合发展是必然的。三者融合后,产业链上延伸出一批新的文化旅游体育融合后的产业,在满足游客日益增长的物质文化需求的前提下,可实现产业升级与转型。文化产业、旅游产业与体育产业融合的动力机制主要体现在融合内部动力和融合外部动力两个方面。

2.3.1.1 融合内部动力

(1)人民需求多样化

旅游是文化的载体,文化是旅游的灵魂。随着经济的发展、收入的增长,旅游需求多样化成为文旅体产业融合的根本动力。传统的外出欣赏自然风光旅游形式已经不能满足游客的需求,人们更加注重精神层次的追求,对种类繁多、质优价廉且有内涵的旅游产品和旅游服务尤为偏爱。正是由于游客消费理念的转变、旅游需求的多样性和旅游心理的不确定性,文旅体产业转型和升级产生了适应新形势发展的新动力。

(2)文旅体产业具有兼容性

文旅体产业具有很强的兼容性,排他性弱。以文化资源为基础的文化产业可以为旅游产业和体育产业发展提供新的基础和依托,让旅游活动更加具有灵魂,更受大众喜爱,同时具有文化内涵的旅游活动可以提升旅游地形象,丰富旅游产品的内容和类型,是增强旅游地竞争力的有效途径。此外,附着旅游功能的文化产业,可以借力旅游产业保护和传承一些濒临遗忘及衰落的文化资源,使文化产业的客源市场得以拓宽,让游客成为外来文化和本土文化交流与传播的桥梁,保持文化活力。

(3)丰富的资源潜能

作为拥有上下5000年历史的文明古国,中国在浩瀚的历史长河中积淀了深厚的文化底蕴,然而当下正处于快餐文化消费的时代,加强文化自信上升到了社会层面,这就需要发掘本土文化资源潜力,扶持文化产业蓬勃发展,引领文化潮流,让普罗大众受到文化滋养。文化产业本身拥有大量未被挖掘的旅游资源潜能,经文化包装的旅游资源可更具吸引力,不仅可以凸显文化的社会效益,还可以实现旅游效益最大化。旅游与文化的协调与合作可以促进更多的理念碰撞和沟通,创造新的商业形式、政策指导、管理合作和价值链集成,可以为三大产业注入新的活力,开辟新的发展道路。

2.3.1.2 融合外部动力

(1)产业发展政策

政府政策可为文旅体产业融合扫清障碍,《关于促进旅游业改革发展的若干意见》于2014年发布,明确指出了"文化旅游产品创新"的重要性,指出要加快旅游业改革发展步伐,必须适应人民对物质生活的不断提高和产业结构的不断优化和调整。2018年4月8日,中华人民共和国文化和旅游部正式挂牌,意味着国家从战略角度为文旅体产业融合的发展提供政策支持与保障。

(2)和谐稳定的社会环境

政府放松管制可以打破产业壁垒,促进产业间要素流动,降低产品生产成本,有利于产业融合。和谐稳定的社会环境是产业得以发展的根本保证,社会环境不仅包括国内环境还包括国外局势。随着以互联网为代表的信息技术和以航空为代表的交通运输业的高速发展,世界各大洲打破了时空距离的限制,城市与城市、国家与国家之间的人员往来越发密切,借用麦克卢汉的说法就是,世界关系可以用"地球村"来准确表达。和平、和谐、稳定的社会大环境是三大产业发展的重要前提。

(3)符合可持续发展观

社会认同是文旅体产业融合发展的底层逻辑。过去,我国的经济发展重点依托重工业,造成环境污染,空气质量差,并且由于经济发展起步晚,人民收入水平不高，生活满意度低。随着信息技术的发展，产业结构得以调整，极大地解放了生产力，整个社会都在呼吁绿色、生态、健康的生产生活方式，文化产业、旅游产业与体育产业是低污染、低能耗、高收益的“朝阳产业”，所以这三个产业的融合符合社会需求，体现了可持续科学发展观。

(4)技术创新

技术创新不仅在传统行业中扮演重要的角色，而且在文化产业、体育产业和旅游产业的融合中也扮演着举足轻重的角色。技术创新为产业融合铺平道路，打破了原有的产业边界，实现了资源整合，在以多样化的形式传播文化旅游体育产品的同时，增添了新的科技元素。

2.3.2 融合路径

2.3.2.1 资源融合

资源融合是产业融合的重中之重。文旅体产业的融合实际上就是文化、旅游和体育资源相互协调、相互推动、实现共赢和可持续发展的结果。一般而言，旅游最初多指对自然资源风光的游览行为，强调的是旅游的自然属性，比如徐霞客在游览祖国大地时所著的游记，大多是关于地理、水文、地质、植物等现象的详尽记载，对社会人文景观的描述比较少。此外，一些有关旅游的成语“游山玩水”“跋山涉水”“山清水秀”“巧夺天工”等对此也有所体现，其实就是当时人们对旅游这一行为的认知有限，古代可能基本没有把对人文景观的赏玩视为旅游活动中的一部分。当然，不可能人人都像徐霞客那样对自然风光有着浓厚的兴趣和独到的见解，旅游活动只具备自然属性，所以自然满足不了所有人对旅游活动的兴趣。于是，以文化资源为新鲜血液的旅游活动社会属性被开发，促使文旅产业融合，形成新的文化旅游产品和服务，比如文化主题公园、遗产旅游、文创街区等。此外，文化资源和旅游资源融合还可以增加旅游活动的内涵，让旅游活动更具有故事性，创造的内容更加饱满，文化旅游产业发展更可持续。

2.3.2.2 市场融合

文旅体产业的融合必先出现在市场领域，通过改变传统的市场结构，由原先分离、各自为政甚至竞争的关系演变为交易、合作关系，以市场服务对象需求为出发点，提供实物和服务。这就需要文化产业、旅游产业与体育产业各子系统发掘服务对象的需求，实现需求融合，构建一个彼此互通、共同经营发展的复杂而又庞大的网络，在这个网络中，资金统筹、技术交换、信息共享、营销策略更加完善，并进一步寻求潜在市场。旅游活动是由“食、住、行、游、购、娱”六大元素组成的，每个元素所占的比重不尽相同，“食、住、行”是旅游活动最基本的保障，而“游、购、娱”直接影响游客旅游满意度，在国际上这两大组合各自占比50%，因此以“游、购、娱”为主的娱乐类复合型旅游市场开发，为文旅体产业的市场融合创造了条件。

2.3.2.3 人才融合

任何活动都离不开人的参与，人既是参与者，又扮演管理者的角色。文旅体产业融合发展需要复合型专业人才，需要培养跨学科、跨专业、具备综合知识和素质的人才，这就要求从业人员不仅要懂旅游知识、文化知识，还要懂体育知识。人才是文化、旅游、体育与其服务对象之间沟通交流的枢纽，缺乏复合型人才参与到文旅体产业的经营当中，将会使产业失去活力，无法更深层地实现产业价值。目前，很多高校还未开设文化产业、旅游产业和体育产业融合的专业，更没有相关的课程。除了复合型人才，人才融合也意味着在产业融合进程中需要引入专业人才，让这些人才从事产业研发、经营、管理、销售等。

2.3.2.4 机构融合

实现文化产业、旅游产业和体育产业三者的融合，广义上指政府机构改革重组诞生的新部门，如中华人民共和国文化和旅游部。这些新部门从政府层面加强文化和旅游产业统一领导，推动文化、旅游、体育等行业的营销与合作，拟订并组织实施旅游市场发展策略，指导全市旅游、乡村旅游、红色旅游、商务会展旅游。狭义上指企业的融合。企业是文旅产业的重要组成部分，是产业得以生存的载体。因此，文旅体产业融合与文化产业、旅游产业和体育产业的经营策略、营销产品、业务指导息息相关。在文旅体产业融合背景下，许多优秀的文化旅游体育企业诞生了，如中国中免、宋城演艺、复星旅游文化等，它们在飞速发展的过程中创造了品牌价值。

2.4 文献评述

2.4.1 现有研究的进展和评述

2.4.1.1 现有研究的进展

第一，从文旅体产业研究的对象来说，在文献检索的范围内，从产业生态圈的相关领域来看，我国学者对文化产业、旅游产业、体育产业进行了有益的探讨。从产业融合理论视角来看，我国学者主要就产业融合的概念、产业融合的原因、产业融合的类型、产业融合的动态发展过程，论述了产业融合的途径和机制。20 世纪 90 年代后期，国外学术界掀起了一股研究产业融合的热潮，产业融合的研究成果层出不穷，其中以企业组织结构调整、技术进步、产业创新、市场化程度提高为主要内容，随后国内的学者也逐渐将注意力集中在产业融合的研究上。一是详细论述了产业融合的概念、动态发展过程；二是提出“技术革新”是我国工业发展的内在动因，而“经济管制”则是其外在原因；三是从产业边界、产业演进、产业实证、产品视角等角度对产业融合的类型进行了论述；四是从技术、知识、实践三个层面来探索产业融合的途径和机制。

关于文旅体产业融合，学者们主要从产业融合的参与主体、产业融合的动因、产业融合的路径、产业融合的意义，以及重大公共卫生事件对文旅体产业影响这些方面来探讨。文旅体产业融合的参与主体主要聚焦于两个方面，一是以文化为主体,推动旅游体育产业发展,进一步实现文化、旅游、体育产业的融合;二是以体育旅游产业为主体,拉动文化产业的发展,大力发展文旅体产业。文旅体产业融合的动因主要是从内因和外因探讨的,学者们认为产业融合是内外因结合的结果。从文旅体产业融合路径的视角来看,学者们认为创新产业融合的路径十分重要。对文旅体产业融合的意义,学者们主要进行了两方面的概述:一是认为文旅体产业融合不仅有利于产业资源的整合,而且有利于丰富体育旅游所具有的文化内涵;二是认为文旅体产业融合有利于实现我国产业结构调整和升级。关于重大公共卫生事件对文旅体产业影响的研究,学者们分别探讨了重大公共卫生事件对文旅产业和体育产业的影响,主要包含三类内容:一是通过重大公共卫生事件的特征,探讨重大公共卫生事件对文旅体产业影响的特征;二是探讨文旅体产业在重大公共卫生事件过程中的表现;三是探讨文旅体产业在重大公共卫生事件之后的对策建议,建议恢复和发展产业链。

第二,从研究方法来讲,学者运用"钻石模型"研究问题,从理论基础、应用研究、理论创新三个方面论述。在应用研究上,多数学者采用"钻石模型"的方法构建指标体系,评价文化产业、旅游产业、体育产业及文旅体产业融合的产业竞争力。在理论创新方面,部分学者还在现有的"钻石模型"的基础上,根据研究主体的特点进行了理论创新。如余晓钟(2016)结合新疆维吾尔自治区和中亚的具体实际,对新疆维吾尔自治区石油企业中亚市场竞合能力分析,提出包含生产要素,市场需求,相关支持性产业,新疆维吾尔自治区石油企业的竞争战略、产业结构和竞争对手,新疆维吾尔自治区石油企业知识吸收与创新能力,政府,机遇,区位优势和文化相似性 9 个要素的"综合双钻石"模型。

2.4.1.2 对现有研究的评述

通过文献的梳理,我们不难发现,现有研究虽然在产业融合的动因、类型、路径及机理等问题上取得了实质性的进展,但目前研究主要集中在理论分析和模型构建方面,对产业融合作为一个整体的研究较少。目前,国内外有关文化、旅游、体育产业融合的研究主要集中在理论与对策两个层面,并着重讨论了文化、旅游、体育产业融合的发展趋势。从文化产业、旅游产业和体育产业融合的角度来看,目前尚未形成一个明确的概念。从总体上讲,旅游产业是一个统一的整体,而在理论层面上,关于旅游产业的整合与对策建议的研究相对较少,理论依据也比较薄弱。基于重大公共卫生事件对文旅体产业影响测度的文献极少,因而文旅体产业生态圈的影响测度及提振策略的研究,应该是当前关注的重点,需要进一步深入探讨。

从研究方法来看,目前的研究主要集中在运用"钻石模型"探讨文化产业、旅游产业、体育产业的产业竞争力,且取得了较丰富的成果。但总体来看,关于"钻石模型"运用在文化、旅游、体育产业融合作为一个整体的研究较少。通过阅读相关文献,不难看出,一些学者在原来的"钻石模型"基础上进行了一些创新,提出了"新钻石模型""双钻石模型"等,也取得了一定的突破,但是关于"钻石模型"的理论创新在文旅体产业融合中的应用极少,因此,结合"钻石模型",根据文旅体产业生态圈的特点,需进一步创新"钻石模型"。

2.4.2 现有研究对本书的启示

前文所做的总结和研究,可以为本书提供两个有益的启示。

第一,从研究对象来看,过去有关产业融合的研究侧重于产业间的整合,缺少从多维度、多要素的角度分析产业整合的问题。本书以旅游、文化、体育等产业生态圈为切入点,对文旅体产业生态圈的影响测度进行多维度、多要素分析,并将文旅体产业融合作为一个整体。以成都市文旅体产业生态圈为实证分析,探讨成都市文旅体产业生态圈的影响测度,据此提出分区域提振策略。

第二,从研究方法来看,基于对现有文献的梳理分析,现有文献为研究的影响测度体系的维度及要素提供了相应的"钻石模型"理论体系借鉴与数据支撑。政府的严格管控冲击了文旅体消费市场,在一定程度上限制了生态圈的发展潜力,但也会刺激产业生态圈内的创新能力,产品创新、技术创新、市场创新是促进产业生态系统发展的重要因素。此外,生态圈内企业经营的发展需要考虑生态圈内企业绩效、企业规模、企业创新等方面的影响。由此,本书在原有的

"钻石模型"的基础上，增加"创新能力""企业经营"两个维度，形成拓展的"新钻石模型"，构成文旅体产业生态圈影响测度的指标体系，探讨成都市文旅体产业生态圈的融合影响，并根据影响要素分区域提出提振策略，为文旅体产业的融合发展提供理论支持和实际参考。

3 文旅体产业融合发展分析

3.1 文旅体产业的发展

3.1.1 文化产业的发展

文化产业是我国经济社会发展的一个重要组成部分。部分学者就我国文化产业相关领域的研究诠释了自己的观点，现将其整理如下：

第一种观点是从文化服务的角度出发（见表3－1）。本书从理论和实践两个方面对我国的经济社会发展现状进行了分析。

表3－1 文化服务的学者观点

学者	年份	观点
韩霞	2006	加快文化服务业的合理、适度开放，既是文化服务业发展的客观要求，也是实现我国文化服务业快速发展的必然选择
付小颖	2015	文化服务是一种融合产业，兼具文化产业和服务业的双重属性，具有高科技性、高附加值、营销模式新等特点
曾燕萍、康玮	2019	推进文化服务业发展已经成为新时代文化产业转型升级的必然趋势和要求，当前，应响应国家的号召，加快释放文化与服务业的市场活力

第二种观点是从文化产业融合的角度出发（见表3－2）。文化产业融合是

指文化产业和其他产业相互融合，打破原来的行业界限，进而开拓全新领域的现象和特征。

表 3-2 文化产业融合的学者观点

学者	年份	观点
朱维洁	2009	科技创新是推动文化产业整合的内在动力，放宽对文化产业整合的外在环境，而企业对利益最大化的追求则是其发展的动因
曹宇	2012	以"钻石模型"为基础，从生产要素，需求条件，产业与支持产业，企业战略、产业结构、竞争对手，机会和政府六个方面来分析产业融合，认为我国要促进文化产业融合有效实施，发挥产业融合提升效应
林淞	2020	提出文化产业的整合是一种自我组织的过程。企业的组织进化和企业的文化意识是企业整合发展的两大动力，而企业的文化意识则是企业组织整合的外在动力
金雯、陈舒	2016	必须通过路径优化推进文化产业融合发展，创新创意创业层面优化跨界创新路径，产业和要素层面优化产业互动路径，参与主体层面优化协同整合路径，产业空间层面优化开放协作路径，价值链层面优化衍生生产路径
张奎、张春河	2019	要以"互联网+"推动我国文化产业的融合发展，实现文化及相关产业资源和互联网要素的充分交融，利用互联网平台和技术，推动文化产业价值链条协同化及跨界运作一体化
张奎、张春河	2019	以"文化+"促进数字创意产业在创作创意、生产传播、营销服务等产业链上的价值提升，逐渐构建基于优秀文化艺术传承传播和创新创造的新文创生态系统

第三种观点是从文化产业创新的角度出发（见表 3-3）。文化产业创新是近年来文化产业研究领域的热点。不少学者从技术创新、人才培养创新、产业融合创新、市场化创新与产品创新等方面研究文化产业创新。

表 3－3　文化产业创新的学者观点

学者	年份	角度	观点
顾江、郭新茹	2010	科技创新	高新技术贯穿了文化产业的整个价值链,科技创新对我国文化产业的发展起着举足轻重的作用
姚伟钧	2011	人才培养创新	提出了以人才为核心的文化产业管理能力,并对其进行调整,在"复合型""双师型"教师培养机制等方面进行了改革
李萱	2008	产业融合	在市场化与产品创新方面,产业整合是推动文化产业发展的重要力量,应推动产业融合,加快文化产业创新步伐
杨学义	2005	市场化与产品创新	文化产业已经成为新的经济增长点,以资源为依托,以市场化为导向,以体制改革和文化创新为突破口,创造品牌文化产品是陕西省将资源优势转化为产业优势、加快文化产业发展的根本出路

3.1.2　旅游产业的发展

旅游业是现代产业体系中的一个重要组成部分,是构建美好生活蓝图和建设经济强国的重要基石。不少学者就我国的旅游服务业、旅游产业融合、旅游产业创新等方面提出了自己的观点。

第一种观点是从旅游服务业角度出发,各位学者提出了自己的见解(见表 3－4)。

表 3－4　旅游服务业的学者观点

学者	年份	观点
徐骎	2003	从影响旅游服务竞争力的生产要素、旅游企业战略、相关产业三个问题出发,分析"入世"后我国旅游服务业如何增强竞争力。提出了继续实施政府主导型旅游发展战略、旅游主管部门要做好宏观调控、增强旅游企业在国际市场中的竞争力等六项主要措施

续表

学者	年份	观点
李永宠	2013	将旅游业界定为旅游服务业,淡化旅游业的产业属性或者去产业化,强化旅游业的服务属性和功能,就能够从理论上澄清和明确旅游业的性质、作用和特点,从而理顺旅游业与关联带动产业的关系
刘逸等	2020	从经济地理的微观视角出发,揭示旅游目的地的旅游服务业产业升级的基本模式、特征和机制,并根据不同行为主体主导力量,梳理出“政企混合主导”“外来企业主导”和“本土精英主导”三种升级模式

第二种观点是从旅游产业融合角度出发(见表3－5)。旅游产业融合是旅游学研究领域的热点之一,本书的研究内容包括:旅游产业融合的概念、动力机制、融合模式、融合效应等。

表3－5　旅游产业融合的学者观点

学者	年份	观点
袁俊	2011	根据实地调研及文献资料,归纳出深圳市文化产业与旅游产业互动发展的三种基本模式,即产业融合的旅游新产品模式、产业链延伸的文化产业景点化模式、产业联动的新型旅游营销模式,在此基础上探讨了深圳市旅游业与文化产业互动发展的空间模式
赵黎明	2011	旅游行业在内外压力的双重作用下,形成了一种可持续发展的产业整合机制,推动了旅游产业与其他相关行业的融合,提高了旅游产业的协调与自我组织
黄鑫等	2017	分析了旅游产业内部融合、旅游产业外部融合和旅游产业引导融合三种模式的作用机制,认为旅游产业融合在扶贫工作中具有经济带动效应强、受益面广、辐射范围广等优势,对革命老区减贫作用十分明显,是革命老区可持续旅游扶贫的一种新途径

第三种观点是从旅游产业创新角度出发。目前我国旅游产业创新研究主要集中在创新驱动、科技创新、产业融合等方面(见表3－6)。

表 3-6 旅游产业创新的学者观点

学者	年份	观点
罗栋、程承坪	2015	指出旅游产业具有高度开放性、综合效应性和需求导向性，协同创新是旅游产业融合发展的内在要求和重要动力，伴随旅游产业融合发展的全过程
王志明	2016	旅游现代化发展的第一生产力是科技创新，利用协同理论构建旅游产业的科技创新系统发展模型，分析指标体系进一步推动科技创新，进一步提升旅游服务业质量
吕雁琴等	2019	运用哈肯模型构建旅游产业指标体系，分析得出了旅游产业创新驱动有技术创新、服务创新、产品创新、政策创新、管理创新等一系列创新行为

3.1.3 体育产业的发展

近年来，我国体育产业快速发展，政府对体育产业日益重视，体育产业逐渐上升为我国的新兴产业。目前，我国学者在学术上关于体育产业领域做了不少的研究，现将我国部分学者的观点总结如下：

第一种观点是从体育服务角度出发（见表3-7）。2014年10月，国务院颁布了《关于加快体育产业促进体育消费的若干意见》，提出了全民健身已经成为国家战略，应该积极发展体育服务行业，满足人们当前的体育需求，这对于我国体育服务行业的转型及升级有着非常重要的意义。

表 3-7 体育服务的学者观点

学者	年份	观点
孙素玲、臧云辉	2015	体育服务是向市场提供各种专业体育服务消费品的行业，主要包括健身休闲、竞赛表演、体育中介、场馆运营、体育旅游、体育康复、体育培训、体育传媒等业务门类和体育服务贸易。加快发展体育服务业，是全面贯彻落实《国务院关于加快发展体育产业促进体育消费的若干意见》的重要内容，是深化体育改革、促进经济转型升级的必然要求

续表

学者	年份	观点
邓永兴	2018	体育服务是我国服务业的重要组成部分,也是体育行业的主要内容,已成为促进我国体育产业升级与转变的重要力量
兰燕、陈刚	2020	我国的体育行业目前还处在一个不均衡的阶段,消费者的消费意识和市场需求的增长,使体育服务业的高质量发展成为当务之急

第二种观点是从体育产业融合的角度出发。体育产业融合是一种动态的发展过程,它诠释的是体育产业化的本质,就此,部分学者提出观点(见表3-8)。

表3-8 体育产业融合的学者观点

学者	年份	观点
程林林	2005	在体育产业融合的过程中,体育扮演的是一种载体或者平台的角色,融合类型包括产业延伸融合和产业内部重组
李燕燕等	2015	强调全球产业融合的迅速发展趋势,体育产业融合趋势亦逐步增强,体育产业具有需求主导性、价值延展性、创新系统性、规制协调性四大特征和重组型融合、交叉型融合、综合型融合三个基本类型
赵强、申顺发	2020	从体育产业融合的意义出发,认为体育产业融合会提供更多就业机会,产业结构调整、经济发展是进行人力资本投资的重要方式
陈林会、刘青	2020	成渝经济圈的体育产业融合发展,关键还是要发挥相关主体的积极作用,以引导体育产业融合发展为方向,建设体育产业融合发展示范区,打造体育产业融合发展示范品牌,完善体育产业融合政策

第三种观点是从体育产业创新的角度出发(见表3-9)。当前,我国体育产业的创新重点是体育产业的创新能力和发展策略、人才培养、创新驱动与路径研究等方面。

表 3-9 体育产业创新的学者观点

学者	年份	观点
舒成利、智勇	2007	对我国体育行业的创新能力进行了定义和分析;根据文献资料及统计数据整理我国体育产业创新能力低下的四个表现,从体育产业战略分析角度提出提升体育产业创新能力的策略建议
曹瑞化、张鹏海	2013	随着国家对体育产业改革的进一步深入,社会对体育创新人才的需求日益增长,作者分析了我国体育产业人才现存的问题,并提出应构架一个系统性的体育创新人才培养体系
王峰等	2016	旅游体育产业的创新驱动是“互联网+”时代背景的一大热点,从社会学、哲学、经济学、营销学等角度诠释了体育旅游产业的若干创新驱动理念

3.2 文旅体产业融合发展

3.2.1 文旅体产业融合的性质与方式

在文旅体产业融合的过程中,有些学者认为应以文化为基础,推进旅游与体育的发展,通过对体育、文化、旅游等产业的融合,构建起以文化产业为主导的产业体系。康林善、妙学春(2020)提出,要加强“以文化为本”的产业融合发展思想,建设多层次体育、文化、旅游产业融合对接平台,注重特色产品创新,增强体育、文化、旅游产业的集聚效应,推动经济社会高质量转型发展。周平等(2017)认为,文化创意是黔东南民族传统节庆体育与旅游产业结合的主要方式,文化创意开发中面临文化适应与草根尴尬问题,也阐述了同质化的民族体育旅游文化趋势。同时,他提出维护和强化民族传统节庆体育的内在生命力;培养文化自觉,落实民族传统节庆体育的保护和投入机制;推动文化、旅游、生态“三位一体”整合发展等建议。

部分学者认为文旅体产业融合应以体育、旅游为基础,丰富体育文化市场,带动体育旅游发展进而建立以体育产业为主导的文化旅游体育产业体系。方永恒、周家羽(2018)认为,我国体育旅游产业是由我国体育和旅游业的相互融合发展而形成的,体育旅游产业与文化创意产业的再一次融合,可以优化现代化新型服务产业结构、丰富产品体系。增加体育旅游与文化创意的产品供应，有助于刺激消费者的旅游需求，满足消费者高体验性、高参与性与多层次的精神文化需求。同时，体育旅游产业与文化创意产业融合是提升国家文化软实力与产业竞争力的重要举措。姚欣雨(2018)认为，体育产业与旅游产业的融合，促进了体育旅游产业的发展，将体育旅游产业和文化产业进一步融合，是当前的一个研究热点；将其结合的过程中，我们应当保留文化的基本内涵，推进产业融合的持续性，在开发的过程中我们需要创新，满足人们多元化的需求，推进体育、旅游、文化产业融合市场实力的不断强化。何娟、孙润娟(2020)认为，应以“一帮一助”的新形式，打造山西省晋中市民族传统体育文化的旅游线路，应建设与晋商文化相融合的体育特色旅游胜地，应以“体育 + 旅游”的方式促进山西省旅游业的健康转型与民族传统体育文化的长久传承。

3.2.2 文旅体产业融合的动因

产业融合是 20 世纪 70 年代以来，伴随技术的变化和扩散而产生的一种新的经济现象，并已在许多产业中相继出现。因此，部分学者就从文旅体产业的动因提出了观点。陈毅清、杨中民(2017)认为，文旅体产业的融合发展是其内生要素与外部要素共同作用的结果。内生要素是指产业本身所具有的多元功能。品牌、文化和情感升华将提升融合的程度，构成文旅体产业融合的外部要素。金媛媛等(2016)认为，体育、文化、旅游三大产业蓬勃发展，三大产业融合是大势所趋。同时，诠释了体育、文化、旅游三大产业融合的主要因素。方永恒、周家羽(2018)认为，体育旅游产业与文化创意产业的融合，在于旅游企业及庞大的游客群体的内生动力因素和社会组织及政府的外部因素的共同推动。内外驱动因素在相互作用下共同发生作用，使体育旅游产业与文化创意产业的融合发展趋向高级化与合理化，最终实现二者的融合。

3.2.3 文旅体产业融合的路径

我国部分学者研究了文旅体产业融合的路径。尹宏、王苹(2019)认为，目前主要通过以赛事资源发展体育旅游、以产品创新升级文化旅游、以业态融合融通文化与体育、以产业生态促进文体旅融合这四条路径推动文旅体产业融合的发展。张瀚月(2018)指出了“标准”“规划”“技术”“业务”“市场”五条文旅体产业融合路径。金龙(2019)探索了文化与旅游时代背景下公共图书馆研学旅游服务的创新路径。黄益军、吕振奎(2019)认为,组织创新、政策创新、人才创新、载体创新、平台创新是文旅体产业融合的实现路径。

3.2.4 文旅体产业融合的意义

全球产业发展正面临重塑产业结构和产业形态的局面,文化、旅游、体育产业融合是大势所趋,同时也是这些产业演进的动力和必然逻辑。国际上文旅体产业融合发展的时间较长,已经形成了较为典型的案例和影响力,而国内的文旅体融合最开始为文旅二元融合,伴随近年来体育产业的发展,才形成了文旅体三元融合的局面。我国文化、旅游、体育产业融合的发展,有利于实现我国产业结构的调整和升级。何文义(2019)认为,文化、旅游、体育产业的融合,已经成为人们的重要生活方式和满足人们美好生活需求的重要内容,不仅有产业属性,还有事业属性。体育产业对推动我国文化旅游产业的转型与升级具有积极的意义。同时,文化旅游也为体育产业拓宽了产业链,完善了经营模式,获取了更多的商业价值,文旅体融合发展成为未来产业发展的新趋势。臧彤、王海坤(2019)认为,人们日益增长的精神文化需求,加速了文化、旅游、体育产业的融合发展,完善了文化、旅游、体育产业的市场体系,不仅放大了传统文化的遗传力量,而且文化、旅游产业、体育的融合发展实现了对传统思维的创新,站在资源整合的角度,打破了产业之间存在的发展壁垒,进一步优化了文化、体育、旅游产业资源结构,从而在众多产业之间建立了关联性,实现了对传统旅游业的调整和升级,激活了我国文旅体产业融合发展的动力,实现了可持续发展。

本地文化资源与旅游、体育产业的融合,不仅有利于产业资源的整合,而且有利于提升体育旅游所具有的文化内涵。刘玲等(2020)从遵义市旅游产业现状出发,论述了茶文化与遵义体育旅游融合发展的可行性,并认为茶文化与体育旅游产业的深度融合,能够有效提升遵义市体育旅游产品所具有的文化内涵与人文价值。姜广义等(2019)以地域体育文化与生态旅游融合发展为研究切入点,分析地域体育文化与生态旅游融合发展结构,有利于旅游产业结构调整、绿色经济持续发展;挖掘具有地域特色的体育文化元素使其融入优美的自然生态环境中,以提高旅游活力,丰富文化生态内涵。

3.3 文旅体产业融合发展的影响因素分析

文旅体市场中消费需求的改变是促进其发展的重要内因,而外在的影响因素则是市场供给、技术进步和政府政策。在对旅游行业融合的影响因素的研究中,本节从供给、需求、外部环境三个方面进行了探讨。

3.3.1 供给因素分析

资源、劳动力和投资是制约产业发展的主要因素。我国的自然资源总量与结构决定我国产业的发展效率和发展模式,而劳动力的非完全替代性又是决定产业结构形成的关键因素。资本可推动产业的持续发展,对产业结构的形成与升级起着举足轻重的作用。这部分主要从文化旅游体育产业发展、劳动力要素、资金要素三个层面进行研究,并从供给的视角对促进旅游产业发展的因素进行探讨。

3.3.1.1 产业发展

文化是提高旅游业发展质量的基础,而旅游又是活跃文化产业的主要表现。随着文化产业经济化、市场化、物态化的不断发展,文化产业的园区化、景区化、参与性、展示性等特征,逐渐成为促进旅游产业融合的重要内在因素。例如,以主题公园、旅游小镇等形式来吸引大批游客,强化旅游行业的功能性,增强旅游产业的地域性,提高旅游体验和可持续的消费能力。随着旅游产业链的不断扩展,现代旅游逐步摆脱了传统的资源依赖,景区中的景点比重逐年下降,休闲娱乐、餐饮、住宿等服务性产业也日益注重品质、个性化、本土化,形成了具有区域特色的旅游产业链。

随着网络化的不断发展,人们的生活方式发生了变化,消费者在网上购物的同时,也习惯于通过多媒体进行共享,数字文化拓展了原有的文化范围。并且,数字文化也不局限于地域,可以被消费者不断地构建和丰富。利用数字文化来吸引更多的旅游者,通过不断提高旅游产品的文化创意,开发参与性更强的旅游产品,让文化元素不断地被引进,增强了旅游业的活力和创新。

文化产业若仍停留在发展初期,其观赏性、经济效益将会大幅降低,而若旅游产业尚处在初期,以观光为主,则文化产业、旅游产业与体育产业的结合将会非常薄弱。随着文化产业、旅游产业、体育产业的不断发展,旅游目的地文化的异质性日益增强,文化产品的功能与体验日益丰富,三大产业逐步相互渗透、相互交织,产业融合程度逐步深化。与此同时,随着产业类型化程度的加强,旅游产业的发展方式发生了变化,文旅体产业与其他产业形成了纵向、横向、侧向多个层面的合作,形成了健康产业、文化创意、教育研学、农业观光等多种发展模式,推动了文旅体产业与农业、工业和其他现代服务业交叉互动式发展,提高了全要素开发水平,拓展和提升了文旅体产业的发展空间和发展水平。

3.3.1.2 劳动力要素

人力资源是产业持续发展的基础。文化产业、旅游产业、体育产业是创意型、服务型产业,对人的依赖程度较高,未来可能会超越对环境的依赖,而且创意的主体是人才的劳动力。劳动力是一种特殊的生产要素,它不仅可以发挥普通生产要素的内在功能,而且可以利用它的外部性来提升其他生产要素的生产力。在劳动力要素日益丰富的今天,从业人员的数量与素质已经成为促进文旅体产业融合的重要因素。创造性人才将创意转化为满足消费者需要、满足企业供给的文旅体产品,完成从意识形态到文旅体产业业态化的转变,将文旅体产品以旅游产品的形式被消费者消费,化虚为实。他们先对市场进行细分,随后整合文化资源和旅游资源,推出内容精准定位的文旅体相关产品。

影响文旅体产业融合发展的劳动力因素,既包括具有相关社会经济实务工作经验的人员,也包括在人才储备阶段和培育阶段的人员。

文旅体产业是一种新兴的创造性产业,其从业人员的数量和质量都需要进一步提高。当前,旅游产业急需大量的文化旅游专业人才,且随着人力资源数量的不断增长和水平的不断提高,文旅体产业的发展进程会不断加快。文旅体产业对专业人才的整体素质有很高的要求,产业的融合必须要有相应的人才来进行顶层设计,只有具备一定的文化素质,才能进行科学的规划,才能保证文旅体产业的可持续发展,促进文化、旅游和体育产业的融合与协调。此外,劳动力要素的增加也有利于新技术的运用,而技术的生命周期是产业升级和发展的关键。

3.3.1.3 资本要素

作为文化、旅游、体育产业融合的市场主体,企业对促进三大产业的融合起着举足轻重的作用。资本是追逐利润的,而文化产业、旅游产业、体育产业是当今社会增长点数最高的产业,自然也就成了资本的集中地。同时,由于规模经济的特点,即一家公司的两种产品的成本比两家公司单独生产一种产品的成本要低,因此,文旅体企业更倾向于建立战略伙伴关系,且这种合作形式往往是文化、旅游、体育等领域的合作,既能节省生产成本,又能提高经济效益,增强文旅体产业的协同效应,扩大文旅体产业的市场空间,丰富市场结构,促进文旅体产业的融合发展。文化、旅游、体育产业的发展需要大量的资金,而且在文化、旅游、体育产业向功能化、城镇化、场景化方向发展的过程中,自然、生态、人文、科技等都要求为旅游业的持续高质量发展创造良好的外部条件。文化、旅游、体育等产业资源的开发与利用,是具有创造性的,它的生产要素要投入巨大的资金,而且从创意到产品的转换,需要技术和基础设施的辅助,同时也需要资金来支撑。所以,在文化、旅游、体育产业中引入大量的资金,可以使产业融合的产品不断更新,从而推动文化、旅游、体育产业的高质量发展。

3.3.2 需求因素分析

随着经济和社会的发展,人们物质生活水平大幅提高,人们的旅游消费观念逐渐发生改变,旅游消费的需求也随之发生变化,消费者越来越重视体验感,对旅游产品质量的要求也越来越高。因此,各旅行社纷纷寻求与其他产业进行合作,以增加产品的多样性,来满足不同群体的需求。作为促进文化、旅游和体育产业融合发展的一个重要方面,本书将从市场容量和需求升级两个方面来分析其作用。

3.3.2.1 市场容量

文化、旅游、体育产品的消费者数量与消费水平呈正相关,消费需求具有与游客需求趋向相似的功能,随着消费者数量的增加,消费需求发生变化,文化、旅游、体育产业的融合发展空间进一步扩大。

当前,我国产业呈现资源外流的趋势,高素质的人才在产业转移和产业升级过程中出现了集聚现象,新中产阶级成为主要的消费主体。现在,大部分的企业都把文化、旅游、体育相关的产品瞄准中产阶层,高素质的人群会催生高品质的文化、旅游、体育市场,而高品质的文旅体消费市场将会促使企业推出高质量的文旅体相关产品,加速文旅体高质量融合。因此,市场容量是促进产业发展的关键因素,巨大的需求将会促进需求的提升,从而为文化、旅游和体育产业提供更多高质量的产品,有力促进文旅体产业的融合。

3.3.2.2 需求升级

休闲具有二元属性,也就是说休闲既是消费又是生产,是通过教育培训活动来提高自己的能力和水平,提高自己的技能和综合能力的。随着生产力的不断发展,休闲活动的生产性功能逐步增强,旅游休闲用品也成为休闲消费品。

当前,旅游消费者对旅游产品的生产性要求越来越高。旅游相关产品既要满足顾客的休闲、娱乐,又要突破传统的界限,为消费者提供体育旅游、教育旅游、康养旅游等具有生产意义的旅游体验,休闲的生产性日益受到消费者的重视。因此,旅游产业的相关企业必须突破以往的产业边界,积极寻求产业间的渗透与交叉,以满足日益增长的消费需求。

在休闲二元性不断深化的同时,文旅体消费者对消费体验的需求也在不断提高,比如功能体验、情感体验等,这就对文旅体产品的体验化、场景化、参与性、娱乐性提出了更高的要求。而且现代人的消费需求也从单一化走向多元化，从物质层面进入精神层面，从低级转向高级。面对日益增长的市场需求，文旅体相关企业只有增强开放性、建立场景化、丰富产品种类、增加跨行业的交互和重构，才能更好地满足人们的精神文化需求，赢得消费者的认同。因此，消费者对体验型消费需求的认可，促使产业由以资源驱动的发展方式逐渐转变为以产业互动为主导的发展方式，从而促进了文化、旅游、体育产业的融合发展。

3.3.3 外部环境分析

文旅体产业融合发展的外部环境是文化、社会、经济、自然的有机结合，这是产业融合的先决条件。本书从文化旅游产业的外部环境入手，从本地技术进步与政府政策两个方面探讨促进文旅体产业融合发展的各种因素。

3.3.3.1 本地技术进步

产业融合的实质是技术进步对现有产业边界的创造性破坏，它突破了传统的产业界限，重新定义了产业边界。同时，文化、旅游、体育产业的融合发展也是基于新技术的应用，技术的发展在文化、旅游、体育三大产业中的传播。技术的融合，改变了文化、旅游、体育等产业的生产过程和技术能力，打破了三大产业的技术壁垒，形成了统一的技术运作基础，从而造成了技术边界的模糊和渗透，为三大产业的融合发展奠定了坚实的基础。随着新技术的引进，文化、旅游、体育产业的发展，以及网络技术的应用，产业融合的发展受到越来越多的重视。例如，利用音像、电、光、多媒体等技术，增强了文化表演的音像效果；互联网、智能手机的普及，催生了数码文化，让文旅体产业的消费群体变得更加多元化，消费者同时扮演着生产者和传播者的角色，其中，网红打卡地就是在技术革新的基础上发展起来的。这说明科技的发展，既是文化、旅游与体育产业融合的开始，也是推动文旅体产业融合的一个重要因素。

3.3.3.2 政府政策

首先，国家政策对文化、旅游、体育产业的融合发展起到了一定的指导作用，政府制定法律法规、出台政策、颁布法令，既是约束，又是引导，国家通过政策引导的方式，吸引资本注入文旅体相关产业，促进了文旅体产业的融合发展。同时，开放的政策环境，也有助于打破行业间的隔阂，为文化、旅游、体育产业的融合奠定坚实的基础，使融合的发生成为可能。

其次，政府要从整体上对文旅体产业的融合进行顶层设计，并对其进行科学合理的布局，给予财政支持，以保证其资金链的安全，促进文旅体企业的长远布局和可持续发展。另外，政府的政策导向也能激励社会和文化上的创造性，形成社会的万众创新氛围，而文旅体产业本身就是具有创造性的产业，良好的社会环境将促进其进一步的融合。

最后，在文旅体产业中，政府对文旅体产业进行市场监管，有助于促进文化、旅游、体育产业的健康发展。从整体上讲，国家的政策导向不仅是文化、旅游、体育产业融合发展的基本政治环境，同时也是推动文旅体产业融合发展的一个关键因素。

3.4 成都市文旅体产业融合现状

3.4.1 产业实力联动提升

近几年，成都市的文化、旅游、体育经济发展迅速，旅游、文化、体育相结合的实践创新活动十分活跃，出现成都文旅集团、建川博物馆、武侯祠锦里等一批支柱产业，文化、旅游、体育产业的从业人数稳步增加，旅游市场保持旺盛态势，旅游演艺、电子竞技、山地运动、冰雪运动、体育休闲等融合性业态快速成长，以特色街区、特色小镇、博物馆、产业聚集区等为支撑，形成了一批在全国有影响力的文旅体融合产品。文化产业、体育产业、旅游产业增加值年均增速总体高于全省 GDP 增速，游戏、动漫、音乐等多个文化产业被纳入国家布局，赛事体系基本形成、活力较强，旅游增长活力连续两年排名全球第二，文旅体产业对城市经济的贡献持续提升。

3.4.2 行业资源互动延伸

成都市是全国第一批历史文化名城，是中国最好的旅游城市之一。成都市近几年非常注重文化、旅游与体育产业的结合，从模式内涵、核心资源、产品、业态等方面进行了整合。文旅体产业以特定的载体或空间为依托，形成具有增值功能的战略关系链；以土地、资本、技术、会展旅游等产业形成文旅体产业链，实现功能互补，打造新的流量和附加值。大型文体场馆、演艺服务、体育服务等产业融合发展，实现协同发展赛事、节会、景区景点等观赛型旅游、参赛型旅游、会展旅游等文旅体产业链的延伸，形成新的产业形态景区、创意内容、特殊自然资源、媒体平台、运动联盟等旅游演艺、电子竞技、体育传媒、山地运动、冰雪运动等融合性业态，文创、体育、旅游创新活跃，融合性 IP 资源逐渐丰富。

从"文创 +"IP 的角度来看，成都市以文化和技术结合为特征的动画游戏产业，在国内已经有很长一段时间的相对优势。以"王者荣耀"为代表的现象级手游，吸引了众多顶尖赛事和公司入驻成都市，从"玩游戏"发展出了游戏研发、人才培养、赛事运营、直播、影视、综艺、旅游等多个行业。

从"体育 +"IP 的角度来看，成都市近年来出现了一批高水平的品牌赛事，促进了体育旅游的发展。其中，既有具有鲜明"成都印记"的品牌活动，又有成都特有的城市特色品牌活动，这些已逐渐成为体育旅游的一种重要资源。比如成都市的"双城马拉松"，沿途经过世界文化遗产、世界自然遗产、世界水利遗产三大遗产，展现了"天府之国"深厚的历史文化底蕴，打造了具有鲜明特色的运动旅游品牌。

成都市以"旅游 +"IP 为载体，通过培育新的场景化产品，促进了农、商、文、旅的融合。根据"可阅读、可感知、可欣赏、可参与、可消费"的新观念，展示了天府文化的特色，并培育出一大批集"文、旅、体"为一体的景观型旅游产品。

3.4.3 产业布局相互衔接

从产业结构上看，成都市文化产业与旅游产业具有空间交叉重叠的特点，为文化遗产、文化资源、基础设施、公共服务平台、区域品牌等无形资源的共享提供了机会。成都市通过规划和建设多个产业功能区,以产业生态为发展模式,以产业生态链为组织形式,将文创产品、运动项目、文体设施、文创产业集聚区、景区景点等文旅体资源和产业要素共享,为文旅体产业融合创造了有利条件。成都市以国家主功能区为核心,综合规划了几个产业功能区,打造了集生产、研发、居住、消费、生态等多种功能于一身的城市新区。在功能定位与要素匹配方面,20 个工业功能区集中在 20 个区(市),总规模达 4187 平方千米。在这些区域内,多个地级以上的工业功能区将突破金融资本、财政政策、土地资源和人力资源等关键要素的区划限制,有助于形成共生单元、共生界面、共生模式,精准匹配,增强文旅体产业融合的聚合力。

3.4.4 融合载体形态创新

成都市目前已经有一大批支柱产业,旅游演艺、电子竞技、山地运动、冰雪运动、体育休闲等综合业态发展迅速。调查显示:文化旅游产业的发展水平与文化产业的融合程度呈显著的正相关。成都市对成都博物馆新馆、四川省图书馆、四川美术馆、四川科技馆、四川大剧院、成都城市音乐厅等大型公共文化设施进行了规划,以特色街区、特色小镇、博物馆、文化创意园区、文体场馆、田园综合体、景区景点、赛事活动、旅游线路等为支撑,形成了一大批具有一定影响力的文旅体融合载体,实现了产业融合载体的形式创新,文化、体育对旅游消费的带动作用突出,文旅体产业相互融合、相互促进,取得了较好的社会效益和经济效益。成都市文旅体产业融合主要载体如表 3-10 所示。

表 3-10 成都市文旅体产业融合主要载体

融合领域	类别	名称	备注
文商旅体	城市绿道	天府绿道	全球最长绿道慢行系统
	乡村林盘	川西音乐林盘	林盘景区
	城市森林公园	龙泉山城市森林公园	全球最大的城市森林公园

续表

融合领域	类别	名称	备注
文化+旅游	特色街区	锦里古街	国家文化产业示范基地、国家4A级旅游景区
	特色镇村	安仁博物馆小镇	国家文化产业示范基地、国家4A级旅游景区、四川省文化旅游小镇、市级音乐小镇
		崇州街子古镇	国家4A级旅游景区、四川省文化旅游小镇、市级音乐小镇
		龙泉驿洛带古镇	国家4A级旅游景区、市级音乐小镇
		彭州白鹿镇	国家4A级旅游景区、市级音乐小镇
		邛崃平乐古镇	四川省文化旅游小镇
		蒲江明月国际陶艺村	全国乡村旅游重点村
	博物馆	成都武侯祠博物馆	全国重点文物保护单位
		成都杜甫草堂博物馆	国家4A级旅游景区
	文创园区	东郊记忆	国家4A级旅游景区、国家音乐产业基地
		三圣花乡	国家文化产业示范基地、国家4A级旅游景区、国家级工业遗产旅游目的地
		浓园国际艺术村	四川省文化产业示范基地、国家4A级景区
		321梵木创艺区	国家级文化产业示范园区、2018中国最佳旅游文创项目Top20
体育+旅游	景区	西岭雪山	国家体育旅游示范基地创建单位、国家4A级旅游景区、国家森林公园
	赛事	成都双遗马拉松	全球首个世界双遗产马拉松比赛线路
		天府绿道系列赛事	
	线路	成都武侯城市体育休闲线路	2020年春节黄金周体育旅游精品线路

资料来源：根据公开信息整理。

3.5 成都市文旅体产业融合面临的主要问题

从整体上讲,我国的文化、旅游与体育产业融合还处在初级阶段,还存在范围局限性、合作机制不顺畅、政策支持不完善等制约因素,核心资源的耦合度和能级较低,产业融合效应尚未充分显现,如何实现从资源优势向市场优势转化是当前迫切需要解决的问题。成都市文旅体产业融合面临的具体问题如下:

3.5.1 规制创新不足,协同治理有待深化

3.5.1.1 顶层设计的机制路径有待深化

成都市在创建“世界文化名城”的过程中,出台了《关于大力推动文化商贸旅游体育融合发展的实施意见》,但在体制和途径上,还需要进一步完善。

3.5.1.2 在操作层面缺乏规划协同引领

当前,成都市在“多规合一”的整体层次上,还没有全面统筹引导文旅体产业的发展,相关的重点任务和政策措施还停留在一个单一的领域,在规划的制定和执行机制上还存在一些缺陷。在此基础上,成都市从文化创意产业、体育产业、旅游产业等方面提出了文旅体产业的整合需求,但是,还需要解决资源的耦合、要素的聚集、市场的培育及政策的衔接等一系列问题。

3.5.1.3 体制机制不适应融合需要

文化产业、旅游产业、体育产业的整合,除了由市场推动外,还需要政府的积极引导。成都要实现政府主导功能的有效发挥,必须对政府治理体制进行调整与平衡,且产业整合的体制安排是关键。长期以来,由于产业的相对独立性和行政区划的限制,导致产业整合往往在区域层面进行,不同部门的产业整合

政策文件也有不同的方向和制度安排。当前,成都市以协调机制为核心的耦合体系仍不能满足市场对产业整合的要求。

3.5.2 资产通用性低,融合载体结构性短缺

3.5.2.1 枢纽型文体场馆设施短缺

成都市文化、旅游、体育产业的融合发展面临着严重的问题。就体育场馆来说,目前成都的体育场馆在规模和功能上都不能适应产业融合发展的需要,特别是缺乏大型综合性赛事、A级赛事,以及功能复杂、具有带动作用的大型体育场馆。

3.5.2.2 场馆设施总量不足与资源闲置并存

目前,成都市体育场地资源分布不均、利用不足,大型场馆的公共服务设施建设相对滞后。一方面,学校、企事业单位等场所的利用率低,维修能力差。另一方面,社区体育场地的供应不足,无法满足居民对运动场所设施的需要,消费场景缺乏;现有的体育设施存在着陈旧、功能不健全等问题。

3.5.2.3 文体旅设施缺乏统筹布局

成都市体育场馆的设施分布比较分散,旅游设施、服务等方面存在着“孤岛效应”,对促进文旅体产业融合的效果很差。在特色街区、特色园区等重点地区的发展过程中,没有充分考虑文化、旅游、体育产业的融合问题,导致场馆的专业化和城市功能之间的相互促进作用不足。大型体育设施的规划整合与功能未得到充分体现,已建的普通体育场馆,受场地构造及服务设施的影响,职能转变没有太大的灵活性。与国内先进城市相比,成都市的文化设施数量较少,如表3-11所示。

表 3－11　成都市与国内先进城市文化设施数量比较

城市		北京	上海	广州	深圳	成都
2020 年人口(万)		2189.32	2488.36	1874.03	1763.38	2094.74
博物馆	总量(个)	54	107	61	55	33
	总建筑面积(平方米)	12487830	5135200	2458300	1951816	6080000
图书馆	总量(个)	238	243	156	710	285
	总藏书(万册)	1059.8	1300	780	728	863
文化馆	总量(个)	20	24	14	15	22
	组织活动(次)	1910	1869	1226	1765	1194
美术馆	总量(个)	225	96	89	175	120
	总建筑面积(平方米)	958275	408864	379051	745325	511080
大中型演出场馆	总量(个)	897	132	275	586	235
	总建筑面积(平方米)	5367648	789888	1645600	3506624	1406240

3.5.3　业态耦合不充分，产业融合效益不高

3.5.3.1　文旅体业态“合”而不“融”

成都市旅游景点众多，但其文化、旅游、体育业态集聚程度偏低，消费潜力释放不足，水平偏低。从产业融合角度来看，特色旅游小镇、特色街区等具有的“食、住、行、游、购、娱”传统要素向“商、学、养、闲、情、奇”新要素的转型比较缓慢，融合性业态发育不足，体育、旅游活动过程的文化体验性不强，游客文化参与性不够，特色街区、特色小镇等融合载体普遍存在游客停留时间短、人均消费少、重游率低等问题，特别是对境外游客的吸引力不强，融合发展的质量和效益不高。与国内先进城市相比，成都市旅游业发展缓慢，如表 3－12 所示。

表 3-12　2020 年旅游业发展主要指标

城市	星级饭店数（个）	入境游客数（万人次）	国际旅游外汇收入（亿美元）	国内旅游人数（万人次）	国内旅游收入（亿元）
北京	378	34.1	104.8	18352.4	2880.9
上海	193	128.62	37.74	23606	2809.14
广州	152	209.73	84.58	3972.86	2578.29
深圳	74	120.06	94.3	4878.75	2865.29
成都	89	23.21	58.6	20395.32	3002

3.5.3.2　文旅体相互带动作用不均衡

从整体上来看，成都市体育产业规模太小，对文化、旅游产业发展的拉动效应不强，对文化和体育产业的促进作用也不明显。从行业贡献上来看，2016～2020 年，成都市文旅体产业增加值占全市 GDP 比重只有 2% 左右。在产业投资方面，成都市文化与旅游、体育产业的结合对旅游产业的拉动作用显著，而对体育和文化产业的拉动作用则相对较弱。

3.5.3.3　文旅体产业融合水平不高

整体来看，成都市文化、旅游、体育产业呈现良好的耦合效应，但是融合协调程度不够，产业融合程度也不高，体育产业和其他产业的关联度比较低，产业融合还处在起步阶段。尤其是我国体育产业总体规模不大，发展程度不高，市场对体育资源的配置能力差，产业结构需要进一步优化。在中等投资水平上，成都市旅游产业对文化产业和体育产业的拉动效应明显，而体育产业对旅游产业的依赖程度很高，体育产业的发展对文化产业和旅游产业的影响不大。文化产业和体育产业主动融入旅游产业，但其带动效应不强，两者之间的融合发展呈现出不均衡的态势。但从发展趋势来看，这种增长趋势表明，双方的依存度在逐渐增强。从中等需求比率来看，成都市的旅游产业对文化产业和体育产业的需求度小于文化产业和体育产业对其的需求度，也就是说，旅游产业对文化产业和体育产业的依赖程度要低。

3.5.4 综合性活动统筹不足，市场空间较为局限

3.5.4.1 策划设计上缺乏统筹

成都市在大型文化活动的策划和设计方面，一般更注重文化主题、内容和项目的开发，而缺乏对体育、旅游内容、产品的植入、整合和带动。例如，成都双遗马拉松、金堂铁人三项世界杯赛等赛事，在一定程度上促进了旅游的发展，但由于大众赛事起步较晚，且能突出赛事体验、文化体验、旅游体验、情感体验，适合游客参与的项目设计相对较少，体育赛事对游客的吸引作用较弱。

3.5.4.2 组织实施上缺乏融合

成都市文旅体活动在组织、执行方面缺少联动，仍然以个别单位为主导，在文化、体育、旅游等方面的协调不足。在大型文旅体项目的组织和实施方面，政府的市场化运作程度较低，缺乏深入的市场运作机制，以文旅体结合推动重大赛事可持续经营的方式创新性不强。

3.5.4.3 营销推广上缺乏整合

成都市文化、旅游和体育部门、行业、区域之间的联合宣传和推广意识还不够，宣传推广合作机制方面的创新能力不足。在文化、旅游和体育产业的品牌营销方面，缺少对核心定位的规划，而且以内容为主体导向的营销载体、营销渠道、营销手段的整合和策划能力不足，很难形成文化、旅游、体育产业的品牌营销合力。体育赛事、文化活动的辐射面较小，影响力较弱，综合效益较差。

4 文旅体产业耦合发展比较研究

4.1 文旅体产业耦合发展分析思路

4.1.1 文旅体产业融合发展的耦合理论

文化产业赋予了旅游产业和体育产业灵魂,而旅游产业则为文化产业和体育产业提供了市场载体,这三者之间可以实现互惠互利,具有融合发展进而提高产业效益的必要性。文化产业、旅游产业和体育产业的内在属性在很大程度上是相通的,产业关联性也很强,这三种产业要素流动、产业规制政策相互支持、产业发展平台整合的演变,将会使三者之间形成一种密切的关系,也就是三者之间很强的耦合关系。

所谓"耦合"是一种由物理学发展而来的两个或更多系统的组合现象,各系统通过不同的方式相互影响、相互联系。近年来,由于产业体系间的协作不断深入,使耦合理论在产业融合领域得到了广泛的应用。产业融合是指三种产业之间通过人力、信息、技术等资源的交流和渗透,在产业生态一体化中产生了一种良性的共鸣和共生关系。逯进、周惠民等认为,耦合是指系统内各个因素的交互作用,使系统从低级迈向高级,而耦合理论强调了系统内部各个因素的合作和协调。文旅体产业系统的这种相辅相成、互动共生的作用,使三者之间具备高度的耦合性。在产业关联的技术支撑下,三大产业系统通过相互间的耦合发展,从无序走向有序、从低级走向高级,最终催生新业态,文旅体产业融合为一体。

4.1.2 文旅体产业融合发展的主要特征

产业融合是一种由高科技驱动的产业经济现象,它指的是数字融合、产业边界缩小或消失、技术创新、放松限制等。文旅体产业融合实质上是文化、旅游、体育产业相互促进、协同共生、向高附加值发展的动力过程。目前,我国的文化、旅游、体育产业融合表现出三个特点。

4.1.2.1 企业的价值链重组是一个积极的过程

以“文化 + 旅游”“体育 + 旅游”“文化 + 体育 + 旅游”三业融合为一体的新型价值链,形成了“1 +1 >2”“1 +1 +1 >3”的叠加和放大作用,如图 4 –1 所示。

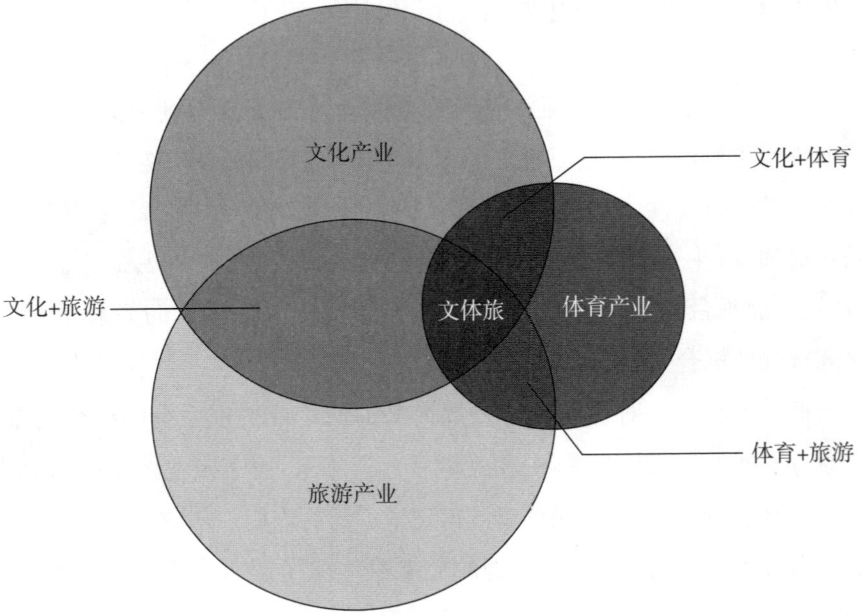

图 4 –1 文化旅游体育产业融合示意

4.1.2.2 产业协同效应增强

文旅体产业之间是一种耦合的关系,它们在三个层面上表现出耦合、互动的特点,即在时间上共生、在空间上联系密切、在速度上互相影响。三者之间的协同机制可以通过耦合协调度进行度量和评估,耦合程度越高,文旅体资源的相互利用效率就越高,所得到的溢出效应也就越大;耦合程度越低,文旅体产业的分散性就越大,各行业的成分与结构间的关系就不紧密,各行业的协同效应就较差。

4.1.2.3 必须打破这种两难的局面

文化、旅游、体育行业存在着资源整合不充分、协调性差、管理能力薄弱、区域发展不平衡、制度建设落后等问题,影响了文旅体产业融合的发展进程。

4.1.3 文旅体产业融合的机制模式

4.1.3.1 融合机制:五大机制相互作用

文化、旅游、体育产业在技术、产品、市场等方面有着清晰的界限,但往往相互渗透、交叉、融合。失去文化内涵,体育、旅游产业就不能产生高的增值、维持可持续的发展势头;如果没有体育、旅游产业的人气加持,那么,文化产业也就很难与实体经济融合。因此,文化、旅游与体育产业的融合必须有三个先决条件:一是文化、旅游、体育资源在空间和时间上的耦合;二是文化、旅游、体育产业的融合必须符合消费升级的要求;三是文化、旅游、体育产业的利益共同点和市场契合点,从各自独立发展走向协同发展。具体而言,有五个主要的机制,如表4－1所示。

表4－1 文旅体产业融合机制

融合机制	作用机理
资源共享	文化、旅游、体育产业具有空间依存性,通过公共资源(如自然空间、基础设施、公共服务平台等有形资源和区域品牌等无形资源)和产业资源(场馆设施、园区基地、景区景点等有形资源和运动项目、赛事、节会等无形资源)在一定地理空间的集聚共享,实现资源整合效率的最大化

续表

融合机制	作用机理
要素渗透	资本、技术、创意、IP 等现代工业要素的跨国流动与配置，以适应文化、旅游、体育产业的发展需要，为企业与市场的整合打下坚实的基础
业态耦合	文化、旅游、体育产业以市场需求为基础，对产业的价值链进行重组，以多种形式的业态融合，形成商品与服务的供求关系，从而达到产业分工的内部化
市场叠加	通过文化、旅游与体育产业的关联，寻找利益的结合点，实现文旅体市场的一体化，从而提高文化、旅游与体育产业的市场占有率和销售额
规制创新	通过管理改革与组织改革，实现企业经营模式的协调，构建与之相适应的体制，推动现有行业界限的消融

4.1.3.2 融合模式：四大模式各显其能

文旅体融合作为重要的产业融合方式，是一种以技术和市场为导向的新型产业发展方式。例如，旅游与文化产业的结合，是指两个产业相互补充与扩展，从而产生一种新的产业类型与产品形式，即文化旅游产业；体育与旅游产业的结合，是将两者结合起来，形成一种具有运动与旅游双重属性的新服务。从融合内涵、核心资源、产品类型等方面，文旅体产业融合可分为四种类型：一体化发展、产业重组、产业延伸和产业渗透，具体如表 4－2 所示。

表 4－2 文旅体产业融合模式

模式	内涵	核心资源	产品或业态
一体化发展	文化、旅游、体育产业以特殊的载体或空间为依托，形成战略关系链条，从而形成具有增值作用的综合发展	土地、资本、技术、功能设施等	绿道系统、国家公园、特色小镇、文旅体综合体、田园综合体
产业重组	在相同的标准或集合条件下，对文化、旅游、体育资源进行再分配，达到协调发展的目的	赛事、节会、景区景点等	观赛型旅游、参赛型旅游、会展旅游等

续表

模式	内涵	核心资源	产品或业态
产业延伸	文旅体产业链延伸,实现功能互补,为游客创造新的价值	大型的娱乐场所、表演、体育服务等	体育主题公园、影视主题公园等
产业渗透	文化、旅游、体育等产业链相互交织,新的产业格局正在形成	景区、创意内容、特殊自然资源、媒体平台、体育联盟等	旅游演艺、电子竞技、体育传媒、山地运动、冰雪运动等综合性业态

城市作为经济、文化活动的核心,随着信息技术的发展和消费方式的不断更新,人们对物质生活的需求越来越高,文化消费逐渐步入了数量的扩张、质量的提升、观念的转变阶段。体育与旅游产业作为一种精神和文化的产物,已经成为一种新的文化消费。因此,必须通过文旅体产业的融合来拓展高质量的供应,以适应时代的要求。

4.2 文旅体产业融合发展的比较分析

4.2.1 模型构建

在以上理论分析基础上,本书结合相关文献,建立了文化、旅游、体育产业融合的耦合模型。首先,建立了文化、旅游、体育产业的评估指标体系。因为这些指标都是正面的,所以可以采用极差标准化方法对各个指标进行规范化处理,从而使各个指标之间具有可比性,在一定程度上克服了主观判断对收集到的资料造成的偏差。其次,利用熵值法对耦合度的各个指标进行加权计算,并对文化、旅游、体育产业进行综合度量。最后,通过对五个城市文化、旅游、体育产业的耦合协调度进行研究,得到了三个产业的耦合发展水平。

4.2.1.1 评价指标体系

在研究文化产业、旅游产业、体育产业之间的耦合程度时，必须建立相应的评价指标体系，在选择指标时，应遵循下列原则：

(1)科学原则

评价指标的选择和模型的确定要有科学性，能够准确地衡量文化、旅游、体育产业的耦合与协调。

(2)可操作性、易用性的原则

虽然目前五个城市的一些指标还没有公开，但是，这些数据的来源和计算方法都有一定根据，具有可操作性。

(3)典型原则

在选取与文化、旅游、体育产业相关的指标时，应选取具有代表性的指标。

(4)逻辑原则

由于文化产业、旅游产业、体育产业属于不同的体系，存在着很大的差异，且所涉及的指标元素很多，所以需要按照这些指标之间的逻辑层次来划分。

在指标选择上，探讨文化产业、旅游产业和体育产业的耦合协调程度，一般需要将产业效益、资源禀赋、产业规模、人才保障、企业经营、从业人员、政府推动等因素纳入分析范围；为避免各地区区域范围和规模不同造成的不准确性，指标体系中除反映区域规模的总量指标外，还应增加反映各地区平均水平的相关指标。通过对以往文献的整理和分析，本书筛选提取近年来学者们研究使用频率较高的指标，根据各市实际，从产业效应、机构数量、从业人员数量和企业或产业营业收入四个角度选择49项指标，构建了文化、旅游和体育产业的综合评价指标体系，具体如表4－3所示。表中指标范围较为全面，指标选取严格遵从了前文所述各项原则，各指标均能较好地反映各市文化产业、旅游产业和体育产业发展水平，分析表内指标能较为准确地归纳出各市文化产业、旅游产业和体育产业的耦合协调水平。

表 4-3 文旅体产业耦合评价指标体系

文化产业A	产业效应 A1	人均文化事业费 A11
		文化市场经营机构营业收入 A12
		文物业收入 A13
	机构数量 A2	公共图书馆数 A21
		博物馆数 A22
		艺术表演团体机构数 A23
		艺术表演场馆数 A24
		文化站、馆数 A25
	从业人员数量 A3	公共图书馆从业人员数量 A31
		博物馆从业人员数量 A32
		艺术表演团体从业人员数量 A33
		文化市场从业人员数量 A34
	企业或产业营业收入 A4	规模以上文化产业总营业收入 A41
		限额以上文化批发和零售企业营业收入 A42
		规模以上文化服务企业营业收入 A43
旅游产业B	产业效应 B1	国内旅游收入 B11
		旅游外汇收入 B12
		国内旅游人员数量 B13
		入境旅游人员数量 B14
	机构数量 B2	拥有星级饭店数 B21
		拥有旅行社数 B22
		拥有旅游景区数 B23
		拥有住宿、餐饮企业数 B24
		旅游院校数 B25
	从业人员数量 B3	星级饭店从业人员数量 B31
		旅行社从业人员数量 B32
		旅游景区从业人员数量 B33
		住宿、餐饮业从业人员数量 B34

续表

旅游产业B	企业或产业营业收入 B4	星级饭店营业收入 B41
		旅行社营业收入 B42
		旅游景区营业收入 B43
		住宿、餐饮企业营业额 B44
体育产业C	产业效应 C1	体育产业收入 C11
		健身活动赛事 C12
		举办单项比赛次数 C13
		运动员获得全国冠军次数 C14
	机构数量 C2	体育场数 C21
		社区市民健身中心数 C22
		市民游泳池数 C23
		市民健身房数 C24
		体育院校数 C25
	从业人员数量 C3	专职教练人员数量 C31
		科研人员数量 C32
		管理人员数量 C33
		文化教师数量 C34
		体育院校学生数 C35
	企业或产业营业收入 C4	体育场馆营业收入 C41
		体育教育培训收入 C42
		体育用品营业收入 C43

4.2.1.2 耦合协调度模型

耦合度是反映系统之间相互作用与协调的一个重要指标，它起源于物理学，在经济、地理、旅游等方面有着广泛的应用。本书通过对文化产业、旅游产业、体育产业体系的协同发展情况的分析，对其进行了分析。

$$D = \sqrt{C \times T}$$

$$C = \sqrt{\frac{P1 \times P2 \times P3}{(P1 + P2 + P3)^2}}$$

$$T = \alpha P1 + \beta P2 + \gamma P3$$

C(0,1)表示三个产业间的耦合程度,耦合度与C值呈正比例关系,C值越高,耦合程度越高;反之,C值越低,耦合程度越低。

D(0,1)表示三个产业间的耦合协调度,D值越大,说明三个产业间的协调程度越高;当D=0时,可以认为三个产业间没有关系;当D=1时,可以认为三个产业间已是绝对协调水平。

T为文化、旅游和体育三大产业的综合协调指数;P1、P2、P3分别代表文化产业、旅游产业和体育产业系统的综合评价值。

α为待定系数,$\alpha+\beta+\gamma=1$。由于文化、旅游和体育产业三个系统间相互影响且地位同等,因此假设α、β、γ都取平均值。

廖重斌首次提出了“十分法”耦合协调度评估准则,之后此准则在众多领域得到了广泛的应用,该准则通常以0.5为主要分界,其指标值越大,表示协调度越高。为了更直观、清楚地反映五个城市文化、旅游、体育产业的耦合协调状态,本书对三者的耦合协调关系及基本类型进行了界定,具体如表4-4所示。

表4-4 耦合协调度等级评价标准

耦合协调度D值区间	协调等级	耦合协调程度
(0.0~0.1)	1	极度失调
(0.1~0.2)	2	严重失调
(0.2~0.3)	3	中度失调
(0.3~0.4)	4	轻度失调
(0.4~0.5)	5	濒临失调
(0.5~0.6)	6	勉强协调
(0.6~0.7)	7	初级协调
(0.7~0.8)	8	中级协调
(0.8~0.9)	9	良好协调
(0.9~1.0)	10	优质协调

4.2.2 数据来源与选取

本书仅列举2020年的数据，具体如表4－5所示，主要研究特定环境下的文旅体产业如何实现产业融合。研究区域范围为北京、上海、广州、深圳、成都五个城市，研究数据主要来源于国家统计局数据库、《中国文化文物统计年鉴》《中国文化及相关产业统计年鉴》《中国旅游统计年鉴》《中国体育统计年鉴》，以及各省市统计年鉴和统计公报，文化产业相关多数指标统计数据暂未公布。

表4－5 各市文化、旅游和体育产业指标数据

城市			北京	上海	广州	深圳	成都
文化产业A	产业效应A1	人均文化事业费A11(元)	—	—	—	—	—
		文化市场经营机构营业收入A12(亿元)	1494.25	—	—	—	—
		文物业收入A13(亿元)	3582.36	2040.48	4135.28	8267.34	6468.25
	机构数量A2	公共图书馆数A21(个)	238	243	156	710	285
		博物馆数A22(个)	197	107	61	55	33
		艺术表演团体机构数A23(个)	827	315	1325	355	175
		艺术表演场馆数A24(个)	897	132	275	10	6
		文化站、馆数A25(个)	20	24	26	15	22
	从业人员数量A3	公共图书馆从业人员数量A31(人)	2570	2513	3412	21308	9975
		博物馆从业人员数量A32(人)	4525	2462	2586	12452	1485
		艺术表演团体从业人员数量A33(人)	4201	4862	5632	8695	1299
		文化市场从业人员数量A34(人)	3692	45309	56412	1864	461
	企业或产业营业收入A4	规模以上文化产业总营业收入A41(亿元)	15420.83	20404.48	4135.28	8267.34	6468.25
		限额以上文化批发和零售企业营业收入A42(亿元)	697.36	152.50	486.27	945.96	160.96
		规模以上文化服务企业营业收入A43(亿元)	13955.91	1397.24	1093.72	1641.15	542.93

续表

城市			北京	上海	广州	深圳	成都
旅游产业B	产业效应B1	国内旅游收入 B11(亿元)	2880.9	2809.14	2578.29	2865.29	3002
		旅游外汇收入 B12(亿美元)	104.8	37.74	84.58	94.3	58.6
		国内旅游人员数量 B13(万人次)	18352.4	23606	3972.86	4878.75	20395.32
		入境旅游人员数量 B14(万人次)	34.1	128.62	209.73	120.06	23.21
	机构数量B2	拥有星级饭店数 B21(个)	378	193	152	74	89
		拥有旅行社数 B22(家)	1413	2477	830	252	328
		拥有旅游景区数 B23(个)	244	164	166	29	86
		拥有住宿、餐饮企业数 B24(家)	11169	78173	138568	11801	78452
		旅游院校数 B25(个)	22	18	15	8	26
	从业人员数量B3	星级饭店从业人员数量 B31(人)	58389	27338	41389	10482	12638
		旅行社从业人员数量 B32(人)	26155	125324	13165	12750	16400
		旅游景区从业人员数量 B33(人)	78853	53300	53646	9115	27090
		住宿、餐饮业从业人员数量 B34(人)	56584	39865	70663	10359	64854
	企业或产业营业收入B4	星级饭店营业收入 B41(亿元)	254.28	101.44	120.90	166.96	589.32
		旅行社营业收入 B42(亿元)	199.42	201.44	192.32	185.71	240.91
		旅游景区营业收入 B43(亿元)	840.59	2809.50	112.25	1528.47	1784.56
		住宿、餐饮企业营业额 B44(亿元)	958.96	1397.24	1917.99	844.98	1124.58
体育产业C	产业效应C1	体育产业收入 C11(亿元)	4345.42	1780.88	5149.94	1060.24	842.56
		健身活动赛事 C12(次)	58	42	117	32	86
		举办单项比赛次数 C13(次)	862	652	448	643	5114
		运动员获得全国冠军次数 C14(次)	36	5	76	5	10
	机构数量C2	体育场数 C21(个)	131	75	45	49	62
		社区市民健身中心数 C22(个)	314	101	49	73	85
		市民游泳池数 C23(个)	590	37	33	34	71
		市民健身房数 C24(个)	886	186	884	632	298
		体育院校数 C25(所)	32	65	5	19	27

续表

城市			北京	上海	广州	深圳	成都
体育产业C	从业人员数量C3	专职教练人员数量 C31(人)	1856	1200	1425	1856	192
		科研人员数量 C32(人)	156	92	85	159	337
		管理人员数量 C33(人)	2545	1333	1041	750	1573
		文化教师数量 C34(人)	1547	99	189	4592	3851
		体育院校学生数 C35(人)	15324	5056	6294	4395	5645
	企业或产业营业收入C4	体育场馆营业收入 C41(亿元)	1394.77	1621.62	1985.36	1060.24	1185.24
		体育教育培训收入 C42(亿元)	1909.42	926.69	1909.41	909.48	365.45
		体育用品营业收入 C43(亿元)	5483.95	2622.58	3150.21	4557.79	4481.26

4.3 文旅体产业融合发展的比较结果分析

4.3.1 文旅体产业耦合度及耦合协调度分析

本书依据耦合度和耦合协调度计算公式,得到2020年北京市、上海市、广州市、深圳市和成都市文旅体产业耦合度值和耦合协调度值(见表4-6到表4-10)。从耦合度值上看,各城市在2020年的耦合度较低,大多在0.4~0.5,暂时处于一个低耦合度,说明各城市的文化、旅游、体育产业的融合发展都受到一定的影响。各地文化、旅游和体育产业的耦合度总体上处于失衡状态。

本书通过对耦合协调度的分析,发现整体格局与文化、旅游、体育产业的综合发展指标基本吻合。北京、上海、广州、深圳四个城市文化、旅游与体育产业发展基础好,三个产业间耦合协调水平相对较高,但大部分也出现失调的情况;成都市文化、旅游与体育产业内部各要素互促互补,通过不断增加的资本、人流,弥补薄弱环节,深化城乡统筹发展,逐步缩小与东部发达地区的差距。

4.3.1.1 北京市文旅体产业耦合度及耦合协调度分析

北京市文旅体产业耦合协调度变化幅度较大，具体如表 4－6 所示。北京市作为首都，也是最大的旅游城市，人口密度大且流动性强。不可抗力因素使人们旅行时间减少，旅客运输工作总量锐减，旅游交通经济发展受限，同时旅游总收入也仅为 2019 年的 1/2。但北京市具有良好的经济发展条件和深厚的文化底蕴，能率先发挥产业耦合发展的优势，且人才及资本都倾向于北京，在协同发展政策的支持下，燕赵大地富足的自然资源及人文资源将得到有效利用，使北京市实现稳步推进的耦合发展格局。

表 4－6　2020 年北京市文旅体产业耦合协调度

项	耦合度 C 值	协调指数 T 值	耦合协调度 D 值	协调等级	耦合协调度
第 1 项	0.497	0.312	0.394	4	轻度失调
第 2 项	0.385	0.087	0.184	2	严重失调
第 3 项	0.964	0.022	0.146	2	严重失调
第 4 项	0.900	0.036	0.181	2	严重失调
第 5 项	0.719	0.061	0.210	3	中度失调
第 6 项	0.928	0.126	0.342	4	轻度失调
第 7 项	1.000	0.010	0.100	1	极度失调
第 8 项	0.842	0.415	0.591	6	勉强协调
第 9 项	0.666	0.221	0.384	4	轻度失调
第 10 项	0.871	0.576	0.708	8	中级协调
第 11 项	0.886	0.413	0.605	7	初级协调
第 12 项	0.353	0.419	0.385	4	轻度失调
第 13 项	0.442	0.138	0.247	3	中度失调
第 14 项	0.412	0.636	0.512	6	勉强协调

4.3.1.2 上海市文旅体产业耦合度及耦合协调度分析

近几年，上海市文化、旅游、体育等产业的增加值持续高速增长，在上海市的经济总量中所占的比重不断提高，对促进新旧动能转换、经济高质量发展具有重要意义。不可抗力因素影响了文旅体产业的发展，使耦合度值大部分处于失调状态，文旅体产业没有形成良好的正向耦合，发展中的协调度过低，总体水平也不高（见表4－7）。但根据我们的追踪资料，上海市的文化、旅游和体育产业显示了很大的弹性和很好的恢复能力。

表4－7　2020年上海市文旅体产业耦合协调度

项	耦合度C值	协调指数T值	耦合协调度D值	协调等级	耦合协调度
第1项	0.415	0.252	0.323	4	轻度失调
第2项	0.950	0.017	0.126	2	严重失调
第3项	0.908	0.025	0.151	2	严重失调
第4项	0.978	0.012	0.110	2	严重失调
第5项	0.342	0.233	0.283	3	中度失调
第6项	0.940	0.014	0.113	2	严重失调
第7项	0.756	0.246	0.431	5	濒临失调
第8项	0.344	0.361	0.352	4	轻度失调
第9项	0.836	0.348	0.539	6	勉强协调
第10项	0.491	0.448	0.469	5	濒临失调
第11项	0.401	0.357	0.378	4	轻度失调
第12项	0.299	0.124	0.192	2	严重失调
第13项	0.305	0.354	0.328	4	轻度失调

4.3.1.3　广州市文旅体产业耦合度及耦合协调度分析

广州市的耦合度值大部分处于失调状态，发展中协调程度太低，使整体水平不高。同时，广州市还存在着对传统文化资源的保护力度不够、投资力度不够、开发力度不够等问题（见表4－8）。广东省作为一个文化产业大省，其创新力、影响力不足等问题，不仅影响了其发展的质量，而且还制约着其与旅游、体育产业的融合发展。随着国内GDP的持续增长，游客的消费需求发生质变，更多的文化产品和服务被消费者喜爱,并逐渐成为中高收入者的首选,同时,政府也加大了对文化和旅游产业的支持,推动了文旅体产业的融合。

表4-8 2020年广州市文旅体产业耦合协调度

项	耦合度C值	协调指数T值	耦合协调度D值	协调等级	耦合协调度
第1项	0.949	0.015	0.120	2	严重失调
第2项	0.948	0.017	0.126	2	严重失调
第3项	0.909	0.021	0.137	2	严重失调
第4项	0.370	0.429	0.399	4	轻度失调
第5项	1.000	0.010	0.100	1	极度失调
第6项	0.769	0.275	0.460	5	濒临失调
第7项	0.906	0.064	0.241	3	中度失调
第8项	0.870	0.277	0.490	5	濒临失调
第9项	0.620	0.522	0.569	6	勉强协调
第10项	0.342	0.240	0.286	3	中度失调
第11项	0.235	0.211	0.223	3	中度失调
第12项	0.196	0.343	0.259	3	中度失调

4.3.1.4 深圳市文旅体产业耦合度及耦合协调度分析

在五个城市中,深圳市的文化产业、旅游产业和体育产业都不属于主要产业,因此相对北京市和成都市,深圳市的文旅体产业融合发展的压力较小(见表4-9)。深圳市的旅游资源尽管匮乏,但是经过与文化产业的长期合作,已经有了一定的规模和知名度。在文旅体产业的耦合发展中,存在着融合模式简单、产品结构单一等问题,在融合互动的过程中,没有形成一条完整的文化、旅游、体育产业链条。深圳市要实现"世界旅游城市"的发展目标,就必须通过旅游、文化、体育产业的融合、互动和创新来优化其旅游产品结构。同时,要借助旅游载体的功能,把文化融入旅游和体育产业的各个环节、各个部分,从而推动深圳市文化事业的迅速发展。

表 4－9　2020 年深圳市文旅体产业耦合协调度

项	耦合度 C 值	协调指数 T 值	耦合协调度 D 值	协调等级	耦合协调度
第 1 项	0.969	0.284	0.525	6	勉强协调
第 2 项	0.890	0.025	0.148	2	严重失调
第 3 项	0.941	0.021	0.140	2	严重失调
第 4 项	0.937	0.017	0.126	2	严重失调
第 5 项	0.306	0.356	0.330	4	轻度失调
第 6 项	1.000	0.010	0.100	2	严重失调
第 7 项	0.935	0.736	0.830	9	良好协调
第 8 项	0.530	0.538	0.534	6	勉强协调
第 9 项	0.850	0.429	0.604	7	初级协调
第 10 项	0.672	0.630	0.651	7	初级协调
第 11 项	0.588	0.215	0.356	4	轻度失调
第 12 项	0.683	0.093	0.251	3	中度失调
第 13 项	0.552	0.398	0.469	5	濒临失调

4.3.1.5　成都市文旅体产业耦合度及耦合协调度分析

作为一个旅游资源十分丰富的文化大市，成都市在文化、旅游与体育产业耦合协调等级方面，大部分出现失调的情况，说明耦合协调水平都比较低（见表 4－10）。从成都市文旅体产业融合的实践可以看出，目前我国城市文化、旅游、体育产业的融合还处在初级阶段，还存在着渠道不宽广、合作机制不顺畅、政策扶持不到位等问题。要加快文旅体产业融合，必须优化管理机制，加大对文化、旅游、体育产业的延展、整合力度，提高体育赛事的综合运用、综合协调水平，构建以文化创意为引领、体育赛事为助推、旅游市场为载体的文旅体产业深度融合、良性互动的发展格局。

表 4-10 2020 年成都市文旅体产业耦合协调度

项	耦合度 C 值	协调指数 T 值	耦合协调度 D 值	协调等级	耦合协调度
第 1 项	0.610	0.294	0.423	5	濒临失调
第 2 项	0.877	0.022	0.139	2	严重失调
第 3 项	0.965	0.016	0.126	2	严重失调
第 4 项	0.936	0.019	0.133	2	严重失调
第 5 项	0.248	0.357	0.297	3	中度失调
第 6 项	0.998	0.011	0.102	2	严重失调
第 7 项	0.492	0.401	0.444	5	濒临失调
第 8 项	0.921	0.149	0.371	4	轻度失调
第 9 项	0.918	0.278	0.506	6	勉强协调
第 10 项	0.585	0.575	0.580	6	勉强协调
第 11 项	0.462	0.309	0.378	4	轻度失调
第 12 项	0.736	0.041	0.173	2	严重失调
第 13 项	0.348	0.362	0.355	4	轻度失调

4.3.2 文旅体产业耦合协调等级分析

本书根据耦合协调度计算公式得出耦合协调度值及耦合协调级别划分准则，确定 2020 年五市文化、旅游与体育产业耦合协调等级，具体如表 4-11 所示。在耦合协调等级方面，由于不可抗力因素，北京市、上海市、广州市、深圳市和成都市的耦合度值大部分处于失调状态，说明文旅体产业没有良好正向耦合，发展中协调程度太低，整体水平不高。深圳市的协调水平整体高于其他四个城市，接下来依次是北京市、成都市，上海市和广州市两市的协调水平最低。

表 4-11　各市文旅体产业协调度等级

北京市 耦合协调度	上海市 耦合协调度	广州市 耦合协调度	深圳市 耦合协调度	成都市 耦合协调度
轻度失调	轻度失调	严重失调	勉强协调	濒临失调
严重失调	严重失调	严重失调	严重失调	严重失调
严重失调	严重失调	严重失调	严重失调	严重失调
严重失调	严重失调	轻度失调	严重失调	严重失调
中度失调	中度失调	极度失调	轻度失调	中度失调
轻度失调	严重失调	濒临失调	严重失调	严重失调
极度失调	濒临失调	中度失调	良好协调	濒临失调
勉强协调	轻度失调	濒临失调	勉强协调	轻度失调
轻度失调	勉强协调	勉强协调	初级协调	勉强协调
中级协调	濒临失调	中度失调	初级协调	勉强协调
初级协调	轻度失调	中度失调	轻度失调	轻度失调
轻度失调	严重失调	中度失调	中度失调	严重失调
中度失调	轻度失调	严重失调	濒临失调	轻度失调

2020 年,文旅体产业耦合发展应对市场风险的压力很大。从耦合协调度来看,五个城市的发展存在很大的差异,且变化趋势各不相同。北京市极度失调的企业有 1 个,严重失调的有 3 个,中度失调的有 2 个,轻度失调的有 4 个,初级协调的有 1 个,勉强协调的有 2 个,中级协调的有 1 个;上海市严重失调的有 5 个,轻度失调的有 4 个,中度失调的有 1 个,濒临失调的有 2 个,勉强协调的有 1 个;广州市严重失调的有 4 个,中度失调的有 4 个,轻度失调的有 1 个,濒临失调的有 2 个,极度失调的有 1 个,勉强协调的有 1 个;深圳市严重失调的有 4 个,轻度失调的有 2 个,中度失调的有 1 个,濒临失调的有 1 个,勉强协调的有 2 个,初级协调的有 2 个,良好协调的有 1 个;成都市严重失调的有 5 个,轻度失调的有 3 个,中度失调的有 2 个,濒临失调的有 1 个,勉强协调的有 2 个。

近几年,北京市、上海市、广州市、深圳市和成都市极其重视文旅体产业融合发展，从发展趋势上看，各地的文化产业、体育产业在起步阶段都落后于旅游产业，这也许是因为经济发展水平还不够高，无法支持高质量的文化产业和体育产业的快速发展，而旅游产业能够为各地区带来大量的资金、人流等要素，所以，各地区都将旅游产业作为重点发展。但随着旅游产业的迅速发展，资金、技术等开始向文化、体育产业倾斜，文化产业也步入了快速发展的轨道，实现了文化产业、旅游产业和体育产业的同步发展。

4.4 小结

本书从产业整合的角度，以北京市、上海市、广州市、深圳市和成都市为研究对象，从产业效应、机构数量、从业人员数量、企业或产业营业收入四个角度选择49项指标，构建了文化、旅游、体育产业的综合评价指标体系，通过测算耦合协调度，对比分析了五个城市的差异。对耦合发展水平较低的城市而言，应该进一步找寻短板，加强与周边地区的联合，加快资源深层价值挖掘进度，最大化地利用现有人文自然资源，将文旅体产业深度结合，这样才能进一步提高城市的整体发展水平，实现经济上的再次突破。

5 文旅体产业融合的现状分析

学者们主要从特征、表现、对策建议三个方面分析了文旅体产业融合的影响。

5.1 文旅体产业融合的影响研究

5.1.1 影响的特征

一些学者针对文旅体产业融合影响的特征提出了自己的观点。魏小安、付磊(2003)认为,不可抗力因素对旅游产业的重创是阶段性的,一些深层次的问题对旅游产业的影响则是长期的,其问题表现在旅游的内涵、基本运作规则、旅游在国民经济中的地位、不可抗力因素造成的损失评价等方面。在这些问题上,政府扮演的角色非常关键。栾惠德(2009)指出,不可抗力因素的影响并非一种持久的影响,由于我国政府采取了一些有效的对策,避免了不可抗力因素对中国的旅游产业发展的影响。学者们对不可抗力因素影响的研究尚处于初级阶段。

此外,崔凤军(2020)认为,不可抗力因素揭示了旅游产业的敏感度,但该产业并不属于弱势行业。我国人民消费水平高,文化旅游产业体系比较健全,文化旅游产业的发展潜力很大。面对市场的不确定性,政府的支援是必不可少的,但是,产业自救才是最有效的策略。

5.1.2 影响的表现

部分学者对文化、旅游、体育产业融合的影响表现进行了研究。张韶帅(2020)认为,市场的不确定性不仅改变了文化、旅游、体育产业的发展速度、营商模式、风险分担机制、竞争格局等,也为文化、旅游、体育产业的发展提供了一个契机,引发我们对文化、旅游、体育产业的长期思考。蒋鸿宇等(2020)高度地关注了四川省文旅体产业的困难和诉求,对文旅体产业的现状进行了分析调研,并针对文旅体产业的困难提出了对策建议。陈淑娟、王蕾(2020)认为,不可抗力因素对文旅体产业的发展造成了巨大的打击。他们还指出在面临市场的不确定性时文旅体企业陷入了抗风险能力相对较差、文旅产业从业人员压力比较大、文旅市场比较低迷的困境。刘金祥(2020)指出,市场的不确定性对文旅体公司的运营和管理水平都是一个巨大的考验,同时也是一个很大的挑战。

陈飞等(2020)提出,不可抗力因素导致奥运会和多个国际赛事推迟,还导致十四届全运会获取资源的费用大幅度增加。杨添朝、刘天(2020)认为,不可抗力因素阻碍了体育行业的发展,体育产业从上游赛事资源到中游媒体传播,再到下游衍生产业,均受到了消费抑制冲击,但与此同时也收获了更强劲的抵抗风险能力。王雅伦等(2020)表示,从中长期来看,体育行业的高质量发展不会改变,整个行业的优化、重组速度会加快,原有的体育行业格局会发生变化,体育经营实体的转型、升级步伐会加快,经营、治理方式的数字化、智能化程度会得到全面提升。

钟秉枢等(2020)在其研究中指出:在不可抗力因素的冲击下,线上和线下的消费市场出现了明显的差异,以线上为场景的业态喜忧参半。体育的本质属性就是身体的参与,基于本质属性所衍生的一系列体育服务与活动很多都具有一定的群体性,而不可抗力因素使户外休闲体育、线下体育赛事、体育培训、体育旅游等基本无法正常进行。但是,以线上为场景的业态总体来说更多的是呈现出一种积极的状态。在刘鼎伟、庞俊鹏(2020)的研究中,也表示出同样的观点:不可抗力因素给体育产业带来机遇,一是人们日益增长的健康需求助推体育市场规模扩张,二是促进了运动行业在线上和线下的有效结合。人民群众的体育锻炼意识不断提高,养成了体育锻炼习惯,形成了一批新的体育消费群体,体育消费出现了集中式地爆发。以运动训练行业为例,尽管线下体育用品的消费降低,但逐渐刺激线上体育用品的消费。随之而来的还有体育传媒的兴起与爆发,抖音、快手等短视频软件通过在线健身教学等方式,满足了人们对媒介产品的需求,促进了人们在线上寻找体育需求的替代。

5.1.3 对策建议

翟峰(2020)认为,四川省文旅体产业应该抢抓消费、国家政策、5G技术、创新发展等机遇,从补偿性增长、规划特色项目、创造刚需产品、立法入规、新基建、多元发展等方面入手,给四川省的文化旅游产业带来新的生机。王萌(2020)指出,应该创新在线旅游模式,在线传播文化理念,完善平台系统,增强抗风险能力,打造品牌吸引客户。蒋金鑫(2020)对体育产业发展战略进行了探讨,认为我国体育产业正处于高质量发展的阶段。他还指出,应大力发展体育产业,把体育和休闲旅游结合起来,结合城市的核心自然资源和人文资源,开发具有地方特色的健身休闲旅游,依托当地历史文化,建立体育休闲、旅游、文化相结合的高品质体育小镇或体育村,健全体育产业文化系统。

发展文旅体产业,政府占据了非常重要的地位。就此,栾开印(2020)认为,文旅体产业作为第三产业,从国家到地方,都要制定相关的文旅体产业发展政策,以促进文旅体产业发展,进而推动"文旅融合"、产业升级。唐亮(2020)认为,虽然目前一些产业出现了停滞不前的情况,但从长远来看,文化、旅游和体育产业健康发展的势头不会改变。因此,企业要把握机会,在政府的领导下,加强与各产业之间的合作,包括完善财政快速反应机制、提供保障性服务、加强对政策的宣传、实施稳岗援助企业政策、创新产学研合作机制等方面,实现文旅体产业的长期健康发展。

5.2 文旅体产业融合的现状分析

5.2.1 文化产业的现状分析

5.2.1.1 文化产业受到的冲击

(1)实体行业面临运营瓶颈

由于不可抗力因素,文化产业受到了严重冲击,线下娱乐、旅游观光、体育赛事、会展、影院等活动全部被取消或取缔,引发了与之相关的其他行业的连锁效应,对贸易、旅游、文化等实体产业造成严重影响。

实体产业的很多文化企业都陷入了生产和运营的混乱,大部分企业都被迫停业整顿,企业的资金链断裂,员工短缺,上下游企业停产,消费市场无法恢复。新潮传媒是国内最大的娱乐公司,仅次于分众传媒,但在不可抗力因素面前,其也不堪重负,不得不裁员、降低工资。一方面,文化企业在资产性质、抗风险能力等方面具有特殊性,在正常的市场条件下,文化企业面临融资难、资产质押难等问题,其运作大多依靠自有资金或风险投资,且风险投资在实际操作中的作用十分有限。不可抗力因素使很多文化公司投资的项目暂时停止,短时间内无法收回成本,而像银行这样的金融机构,也会更加小心地应对资金需求,从而造成很多文化公司资金链断裂,难以投入生产。另一方面,由于文化企业工作环境要求高、员工流动性大,为了节约经营成本,很多公司都会选择租赁场地,导致企业被迫陷入停产停工,但租金照缴的尴尬境地。在不盈利就亏损的现实情况下,企业面临更大的经营压力。数据表明,80%以上的文化企业只有三个月的周转时间,超出三个月的周转期一些公司的资金链将会断裂,无法生存,甚至面临破产或转移。

(2)文化与互联网融合补位加速行业洗牌

不可抗力因素极大地激发了人们对数字文化的消费需求,推动了数字文化产业的发展,并在某种程度上缓解了对线下实体文化的影响。人们的生活方式急剧变化、活动空间和地域急剧收缩,休闲时间的巨大释放,创造了巨大的文化需求。在满足基本物质需要的同时,人们也在寻求更多样化的精神文化娱乐,以补偿由于长期在家的文化供应急剧下降所造成的文化需求缺口。此时,网络与文化的融合特征得到了进一步的加强,并衍生出了电商、体育、教育、娱乐、生活等多种业态。"全民厨神"展示了抖音、快手等短视频平台在生活方式上的巨大潜力;网红"带货",形成了"网络+电商""网络视频+电商"的创新模式;在线教育和网络直播平台的大量使用,使网络新媒介向传统教育产业渗透,使教育资源得到有效的融合。

另外,随着文化产业的不断深入发展,文化产业的跨国并购也在加速着行业的重组。一方面,虚假融合、低效融合的商业业态正处于被淘汰和转型的边缘,比如线上旅游行业过度依赖房地产、演出行业过度依赖门票经济、娱乐行业过度依赖传统经营模式等,已经很难再有发展空间。另一方面,新的文化融合模式也在不断地对原有的市场进行挤压,并在新的市场需要下快速占领市场。这种由突发不可抗力因素引发的变化,标志着文化行业的重组周期进一步缩短,文化产品的更新步伐也在加速。

5.2.1.2 给文化消费带来的潜在影响分析

(1)文化消费行为更加理性,一定程度上造成文化产业疲软乏力

尽管文化供给的数量和类型有所增加,但由于个体的行为取向、天赋和"心理诉求"等因素的作用,人们对购买行为的偏好也会有所改变。文化消费目标、消费观念、消费行为和消费手段的选择越来越理性,这明显地影响了文化消费的发展,包括数字文化产业。这一现象在我国众多的文化产业、商业形态中尤为突出,传统的文化消费习惯与固有模式正在发生变化。

(2)文化消费习惯逐渐向线上转移,"国网整合"使数字文化产业迎来难得的发展良机

与线下"停摆"相比,网络游戏、音视频、数字音乐、知识付费、有声读物、在线教育等线上文化消费规模快速增长,线上文化消费已成为新的热点。从现实走向网络,消费者的消费理念和行为模式都有了很大的改变。《全国有线电视

网络整合发展实施方案》已经发布，全国有线电视网络整合工作全面展开，5G建设逐步走向融合，为线上文化消费提供了广阔的想象空间。与此同时，5G网络和数据中心等新兴的基础设施的加速建设，互联网、物联网、云计算、人工智能等新兴的娱乐形式的出现，将会释放出大量的消费潜能，从而使“新文娱”的文化技术内涵更加丰富，对数字文化产业的发展也产生了极大的推动作用。从“尝试”到“习惯”、从“被动”到“主动”，这是一种新的网络文化消费方式，它在传统文化消费领域中占据了更大的比重，更广泛、更多元化，同时也培养了一大批忠实的粉丝，更多的中老年人成为网络文化消费的主要力量。这就使文化技术产品从单一面向青少年的市场转移到了更广大的消费群体市场，从而使数字文化产业出现了一个新的爆发期。

(3)文化消费总量依然可观，有待释放巨大消费潜力

虽然在一定的时间里，线下的文化和娱乐消费呈现停滞不前的状态，但从整体上看文化消费的总量还是相当可观的。一方面，网络文化消费呈现明显的增长趋势，并出现“逆势上扬”的态势，这与在线数字文化消费的快速发展紧密相关，抵消和补偿了部分不可抗力因素持续期间的网络文化消费。另一方面，为了缓和对文化产业的负面冲击，促进经济发展，政府和各部门都在积极制定和实施相关的政策，以促进文化消费的持续发展。国家发改委、中宣部、文化旅游部等部门联合发布了《关于促进消费扩容提质加快形成强大国内市场的实施意见》，提出通过加强消费网络建设、加快构建“智能+”消费生态体系、持续提升居民消费水平，从消费和供给两个层面，发掘和释放文化消费潜能。政策的红利使文化消费的潜能得到了空前的释放，在数量、形式、质量上都将发生巨大的变化，受到冲击的“在地”“在场”等文化消费的区域将会重新焕发生机，而数字文化也将获得新的发展机遇。

5.2.1.3 文化产业的机遇

(1)数字文化产业向多维业态全面发展

随着影院的流量向视频网站和移动终端的转移，线下的用户也在快速地向线上聚集，从传统的直播、视频、游戏向展览、旅游、知识付费、教育等领域快速

发展，并且在各个业态中都有了更加精准的细分，瞄准了特定的目标群体。直播衍生出更多元、更生动、更直接、更成熟的功能直播如直播会议、做菜、购物、上课、游戏、秀场等；优酷和爱奇艺等互联网平台，以及抖音、快手等平台，都在各自的领域占据着一席之地，争夺着用户资源，形成了多维度的激烈竞争。

从 TOP APP 的增长来看，抖音、快手、《和平精英》《王者荣耀》等网络游戏都占据了一定的份额，在线上也有了很大的影响力。自此之后，传统的线下文化产业虽然会有消费者回归，但是在线上形成的消费习惯和多元化的娱乐形式为其带来了庞大的用户资源，整体来说，在线文化消费将会有更多的增长。

(2)数字文化产业向多向要素渗透

面对不可抗力因素导致的市场不确定性所释放出的巨大文化需求，数字文化产业的供给将会出现新的“风口”，瞄准多层次、多维度的数字文化内容需要，提供更加精准和丰富多样的数字文化产品。一方面，面对日益细分的新业态，文化行业必须更多地关注人们日益个性化、精细化的文化消费需求。另一方面，文化产业在面临各种各样的生理、心理变化的同时，也要适时地适应人们越来越“挑剔”的文化需求，从而推动文化生产、传播、营销、服务的数字化，形成一套数字化的文化生产流程，将数字文化的上下游产业连接起来。在这一领域，旅游行业率先进行了尝试，不仅将机票、酒店、景点等产品的定制、生产、销售搬到线上，还利用直播、短视频、VR、AR 等方式促进传播和营销推广，利用 MCN、UGC 培育用户社群；在体验和服务方面，对景区场景、基础设施、旅游资源、旅游服务进行虚拟化，以“云体验”的方式进行旅游生态体系的创新。

(3)数字文化产业加快全方位布局

科技创新与数字文化壁垒的突破，加速了文化产业的数字化，推动了科技与工业的跨越。数字文化产业寻求全面发展的趋势更加明显，各个行业都参与到了数字文化产业的新浪潮中。面对这样的变革，各个产业都将加速技术革新，整合数字化资源，加大 5G、VR、AR、大数据、人工智能、区块链等技术的革新力度，以改变业内过去单一、分散、集约化程度低的传统生产经营方式，积极抢占数字文化消费市场。尤其是在传统文化产业中，这是一个极好的机会，为未来应对市场不确定性的再现做好准备。例如，“网上展览”将从会展产业中产生，出版业将加速向“数字阅读”“数字出版”发展。“共享员工”“共享场景”的出现，为行业和企业间的合作提供了一个崭新的模式；数字技术在主流媒介中的运用，对整个社会的管理与整合产生了积极的作用；短视频、网络直播、UGC等数字媒体的出现，也将为传统行业如餐饮、服装、建筑、电商等提供更多的跨越式营销。数字化技术的运用，使各个行业之间的界限更趋模糊、更具流动性。同时，数字文化产业也会更广泛地向各个行业渗透，从而达到更深层次、更多元化的突破。

5.2.2 旅游产业的现状分析

5.2.2.1 旅游产业受到的冲击

现代旅游具有大规模、大流动、高集聚、国际化、跨区域、辐射广、交互性、全局性等特征，对公共健康、公共安全的敏感程度较高，所以旅游产业也更容易受到影响。因此，在以往的公共健康和公共安全事故中，首当其冲的就是旅游业。

(1)对旅游业的全方位影响

由于不可抗力因素，旅游产业受到全面影响，旅游景区、酒店、运输、餐饮、旅行社、旅游 OTA 企业、购物、文化娱乐等行业受到严重冲击，旅游企业纷纷陷入“寒冬”。国内旅游市场、出境旅游市场、入境旅游市场都遭受了全方位的影响，尤其是入境旅游。

我们不仅要清醒地意识到不可抗力因素对旅游业发展造成的巨大影响，更要注意当前我国正处于经济下行压力加大、供给侧结构性改革、发展方式转变、新旧动能转换的关键时刻。同时，中美经贸摩擦等因素的影响，对旅游业发展造成了巨大的影响。

(2)高度重视对我国旅游企业的冲击

不可抗力因素对旅游企业的现实冲击与影响主要表现在以下几方面：第一，从旅游企业的收入结构上看，出境旅游，跨省、跨城市旅游，会议会展、节庆、婚庆、度假、购物、文化娱乐等花费较高、组织化程度高的旅游，是近年旅游企业经营收益的重要利润来源。第二，从旅游企业的时间结构上看，旅游企业在时间上表现出强烈的季节性和非均匀性，不同时期的经营效益、支出结构、时间结构都不尽相同。

旅游企业作为旅游产业的重要支撑和运营主体，受到市场不确定性的影响最大。从旅游企业的构成来看，中小规模的旅游企业占85%以上，这些企业抵御风险能力较差，难以应对不可抗力因素的巨大冲击，濒临倒闭。现在的旅游景点、大型旅游综合体项目大多由政府投资或是采取“旅游+房地产”“旅游+金融”等模式，公司负债大，旅行社等行业对营运现金流的依赖性很强，OTA公司的业务以流量为主。总体上，旅行社的盈利水平较低，抵御风险的能力较差。这种现象既是不可抗力因素对旅游公司的影响，也是旅游发展方式的变化，过去依靠大投资拉动、资本扩张、“旅游+房地产”、拼流量、拼价格等粗放发展模式将难以为继。

而且政府部门公布的宏观经济数据和企业的旅游运营数据也有一定的差别。宏观的旅游经济统计无法直接地反映企业的运营状况，更无法直接地体现其运营效益。宏观的旅游经济统计资料是指游客在旅游中的流动与空间活动，同时也是对旅游发展的全面统计。因此，旅游企业所遭受的实际影响要远远超过整体的宏观经济统计。

(3)对旅游业的全局性影响

旅游在我国就业、消费、扶贫、服务业、投资、国际贸易等领域中的作用日益增强，对我国的“六保”、“六稳”、全面小康社会、乡村振兴都有深远的影响。

旅游业给3000万人提供了直接就业的机会，并吸纳间接和综合就业人数达7000万，其中，小型企业占了90%以上。旅游业是一个劳动密集型产业，其从业人员数量众多，但整个产业的收入水平、社会保障水平都较低。不可抗力因素不但使小微旅游企业、旅行社面临生存危机，更是给社会带来了巨大的就业压力。各类旅游院校、旅游相关专业学生已有80多万人，毕业人数约为20万，旅游专业毕业生将面临一定的就业压力。

旅游业在全国的乡村振兴中起着举足轻重的作用，在全国的经济发展中扮演着不可或缺的角色。目前，农村旅游正处于蓬勃发展阶段，农民收入主要来源于旅游业，而乡村旅游则是乡村振兴的主要动力和载体。特色农家庙会、各类年味活动、民宿餐饮、文化体验等活动需要有效整合。

旅游消费是拉动消费信心的一个重要指标，对于稳定市场的预期具有重大作用。近几年，我国旅游业迎来了发展的黄金时期，大量的投资正处在关键时期，许多旅游项目都是通过政府投资、金融、PPP 等方式进行，所以，旅游发展还涉及稳投资、稳金融。在对外贸易和外商投资中，旅游业作为外向型经济的窗口和催化剂，其作用和地位也在逐步提高。

5.2.2.2　旅游产业的机遇

(1)给我国旅游业发展带来结构性变革

不可抗力因素对我国的旅游业发展产生了一系列深远的影响，迫使旅游产业进行转型，今后的旅游市场将面临新机遇、新形势、新场景、新格局和新业态。

国内旅游的需求更加突出，从而引发国内旅游、入境旅游、出境旅游三大市场格局的变化。我国的旅游业在很长一段时期内都要依赖于国内市场，这既是对旅游业的挑战，也是其发展的机会。在这个阶段，我们必须抓紧国内旅游的发展机遇，在对外开放中增加旅游新的吸引力和优势。加速推动我国旅游发展方式的转变，传统的“粗放”发展模式已不能适应当前的形势，亟须实现“内涵式”的发展，推动“高质量发展”。仅凭资源和大规模的投资、“旅游 + 房地产”、“旅游 + 金融”、“平台 + 流量”，已经不能满足目前的社会发展需求。

旅游企业要顺应旅游的需求，从运营上节约能源，提高效率，提高整体效益。“新基建”将会对我国旅游业的发展模式和发展趋势产生深远的影响。此外，数字革命对旅游业的发展也产生了新的影响，使其在高质量发展中具有重要意义。不可抗力因素加快了社会生活、工作、学习等数字化，也带动了旅游产业数字化转型，云娱乐、云直播、云看展等新形式不断涌现，以在线旅游、虚拟景区、线上博物馆、智慧旅游等为代表的数字文旅体消费成为行业新热点、新趋势。

人们对健康的重视程度越来越高，健康的生态旅游产品可能会成为一种潮流。未来，旅游业要与教育、健康、文化、农业等深度融合、相互赋能，共同提高旅游的整体价值。与此同时，“旅游 + ”“ + 旅游”的方式也是旅游业发展的必然趋势。

(2)不影响我国旅游业黄金发展期态势

习近平总书记强调,“要坚持全面、辩证、长远的眼光来看待当前的经济形势,要在危机中育新机,在变局中开新局。”不可抗力因素对我国旅游业的发展造成了很大的影响,但这并不能改变目前的整体形势。中国经济的长远发展基础不会改变,旅游业黄金发展时期的阶段性特点不会改变,人民对美好生活的向往不会改变,旅游业的发展支持条件不会改变。

中国目前正处在经济结构调整、城乡结构调整、人口结构调整、消费结构调整、区域结构调整、产业结构调整的关键时期,结构调整催生了强劲的发展动力,也催生了旅游产业的强劲动力。新时期,粤港澳建设、京津冀协同发展、长江经济带发展、黄河高质量发展、建设海南自贸港、建设交通强国、建设美丽中国、健康中国、都市圈发展、农村振兴等重大战略的实施,为旅游业的回血积蓄了力量。与此同时,交通基础设施的建设,信息化、数字化、智能化的科技日新月异,为旅游产业的融合提供了良好的发展环境。

5.2.3 体育产业的现状分析

5.2.3.1 体育产业受到的冲击

(1)对体育产业发展规划的影响

制定体育产业发展规划、构建体育强省的基本框架,对于促进区域经济发展具有重要作用,为优化体育产业结构、发掘体育经济新动力、构建现代体育产业结构、提高体育产业发展质量提供了有益的参考。

我国《国民经济和社会发展第十四个五年规划和2035年远景目标纲要》也提出了加速发展体育强国的建议,特别是在规划中提出的“惠民”公共体育设施要覆盖到农村,加快完善体育场地设施,扩大免费开放、低收费的公共场地设施。另外,该规划还提出要在全国范围内保持体育发展的领先地位,加强体育文化交流,促进专业运动俱乐部的健康发展,使我国的竞技运动水平跻身全球前列。但是,由于市场的不确定性,运动产业原本的发展速度受到一定的影响，在全球大流行尚未完全明朗以前，需要对现有的体育产业进行微调，以适应产业大环境的巨大变化。

为此，近期出台的《体育发展规划》重点提出要大力发展健康体育、强化体育数字化应用场景、加速提供优质的体育服务、推动体育与旅游等产业深度融合，尤其要加强体育市场的主体力量，以促进体育消费的健康发展为重点，加强体育产业的平台建设。

(2)对体育赛事的影响

随着2020东京奥运会、欧洲世界杯的推迟，NBA、马拉松、中超、欧洲五大联赛全部被叫停。体育比赛的内容曾经是一片空白，没有任何内容可以播放。中超实行了封闭式的赛事，现场没有观众，上千名运动员被封闭管理。运动项目最大的特色是基于现场场景的群体参与，其参与将会激发运动的氛围，进而引发周边商品的消费需求。封闭的没有观众的竞赛难以引起人们的共鸣，从而削弱了运动的影响力。

另外，由于体育赛事大批量延迟，其只能扎堆在2022年举行。体育赛事的高密度化，给赛事的经营和管理带来了很大的挑战，包括赛事的组织、商业合作、比赛安全等。原本有限的比赛资源，在不可抗力因素影响之后，是否能够满足大量的比赛，这是一个令人担忧的问题，也会给体育赛事的长期健康发展带来不利的影响。

(3)对体育用品制造与销售业的影响

不可抗力因素对体育产业的正常生产和运营造成了严重的影响，一些体育企业甚至由于原料、人力等因素而被迫停止生产。随着国家积极进行宏观调控，运动产品的生产和销售业务迅速恢复，并在2020年第二季度迎来了两个销售高峰。但随着不可抗力因素的出现，各个品牌都开启了防御措施，耐克、阿迪达斯和李宁等公司纷纷缩减产能，减少库存，收回资金，尽可能地减少代言经费支出。与此同时，大部分运动品牌都将目光集中在一些主要的比赛项目上，把大量的广告资源投入到其中某些重要的比赛中，这也造成了运动产品营销战略的极端转变。

(4)对体育服务的影响

过去，体育著作权是我国体育产业的重要组成部分，近年来，体育版权成本屡创历史新高。但目前,体育版权成本持续下滑,很少有企业和平台愿意为其支付高额的版权费。运动服务行业也呈现出“马太效应”,实力越强的健身机构、运动训练机构,就越能提供更好的体育服务,让其发展壮大。随着体育产业的发展,很多公司的重组都会加快,包括经营范围、发展方式,从线下为主转为线上线下并重,核心业务和公司发展战略会都有不同程度的调整。

5.2.3.2 体育产业的机遇

(1)体育消费空间广阔

不可抗力因素使体育产业暂时停顿,但同时也给体育产业带来了一个转型的契机。根据不完全统计,2020 年上半年,网上运动产品的销量增长了 3 倍。运动器材的火爆也带动了运动产品的革新,每隔 1.5 天,就会有一款新的运动产品在网上广为流传。不但人们对运动产品的需求大幅增加,而且运动项目、运动、旅游等行业也有了更大的发展空间。运动热潮也推动了运动消费,使我国的体育消费市场更加广阔。

(2)“体育宅经济”的爆发

健身运动变得日益重要,线上、线下的体育活动已经成为一种有效的健身方式。体育行业的新模式如“直播健身”“网上竞技”等正在快速发展。根据抖音、快手的统计,目前“健身”的在线观看人数屡创新高,体育网红的火爆程度远超过“吃播”等,其中最火爆的一次,更是吸引了上亿人。淘宝、京东等主要网站的销售数字表明,瑜伽服装的销量增长了 353% ,家庭健身器材的销量增长了 422% 。“运动宅热”的出现,也让社会各界意识到不可抗力因素在对经济造成一定负面影响的同时,也给体育产业带来了新的发展机会,只要把握“体育宅经济”的特征,就可以很好地把握住形势,抓住危机中的体育经济新机会。

(3)体育项目多元化

在以往运动项目中,较为突出的比赛是相对稳定的,包括奥运会、欧洲五大联赛、NBA、诸如马拉松类全民参与的赛事等。不可抗力因素导致了这些重大运动项目的中断,与此同时,电竞、迷你高尔夫等细分行业开始兴起,成为人气最高、增长最快的赛事。2020 年 12 月 16 日,电子竞技项目正式加入杭州亚运会,这也给体育产业的细分带来了新的思考。值得关注的是,过去我国资本投入的重心并没有从运动行业脱离,而是转向了运动的细分领域,并且出现了像 Peloton 这样的领军人物,新型的运动参与模式也变得更加热门。

6 研究设计

6.1 研究对象与研究方法

本书是以成都市文旅体产业生态圈的 15 个生态功能区为主要研究对象。在研究方法的选择上,本书综合采用下述方法:

6.1.1 文献研究法

通过中国知网学术期刊数据库,本书分别使用“文旅体产业融合”“钻石模型”等关键词对相关研究进行检索,主要对其中涉及文化产业、旅游产业、体育产业融合,“钻石模型”,文旅体产业融合影响的文献进行了分析。本书梳理大量的相关文献,结合其他学科的相关理论、方法、经验等,在全面综合文旅体和其他产业评价指标体系的基础上,运用并创新“钻石模型”,构建文旅体产业生态圈影响测度的指标体系。

6.1.2 层次分析法

在构建文旅体产业生态圈影响的测度指标体系中,本书运用层次分析法,初步确定评价指标权重。当问卷回收后,借助 Yaahp10.3 软件进行数值录入,生成一级指标、二级指标的权重值。

6.1.3 模糊综合评价法

在成都市文旅体生态圈的影响测度指标体系中，本书针对难以量化的定性指标使用模糊综合评价法，这是行之有效的研究方法。通过李克特七级评分法打分量化分析定性指标，借助模糊数学运算，将定性评价转化为定量评价，并进一步测算权重。

6.1.4 德尔菲法

本书研究遴选文化、体育、旅游产业与企业管理专家3位、相关产业企业负责人4位、旅游协会行业专家1位组成专家组，按照预先选择的指标集合，设计专家调查表，征求专家意见，修改后进行二次咨询，最终得出集体判断结果。

6.1.5 问卷调查法

本书编制了指标评价专家问卷（德尔菲问卷）、指标重要性评价专家问卷、调研问卷共3套问卷（见附录）。问卷内容涉及了生产要素、需求条件、企业管理战略、相关/支持产业的表现、政府对文旅体产业生态圈的扶持、在发展过程中遇到的机遇、产业生态圈的创新能力、企业经营有关影响测度的评价指标。通过发放问卷、回收问卷、数据整理、数据分析、指标筛选等调查工作，为本书研究提供数据支持。

6.2 研究思路与技术路线

6.2.1 研究思路

首先，本书梳理了成都市文旅体产业生态圈发展的背景及成都市文旅体生态圈的背景,对成都市文旅体产业生态圈的15个产业功能区进行分析。通过阅读文献研究及相关政策,重点总结梳理了我国文旅体产业的发展现状、发展趋势、国家对文旅体产业的扶持政策,以及文旅体产业融合影响等信息,分析成都市文旅体产业发展现状及存在的问题,从而提出了建立成都市文旅体产业生态圈影响测度指标体系的必要性。

其次,本书在波特“钻石模型”基础上增加“创新能力”“企业经营”两个要素,并通过问卷收集、网站查询、数据整理分析等途径,构建影响测度指标体系的模型,采用AHP方法,对各指标的权重进行了解释,结合模糊综合评价方法进行测度,基于投入—产出的视角,从“吸引投资”“园区运营”“创新能力”“企业经营”四个维度对各个产业功能区的影响情况进行分析,对文旅体产业生态圈内各产业功能区进行分级分类。

最后,本书根据不同产业功能区受影响的实际情况,提出符合产业功能区特点的策略建议。此外,还提出了实施要点,保证所提策略能够落到实处。

6.2.2 技术路线

文旅体产业的融合发展,涉及多学科、多理论的综合运用。为进一步深化本书的研究课题,本书将从“问题提出”“框架制定”“评价体系构建”“案例分析”“问题解决”几个方面进行分析,此外本书还以文旅体产业生态系统的影响程度为切入点,提出分区域的提振策略。本书具体的技术路线如图6-1所示。

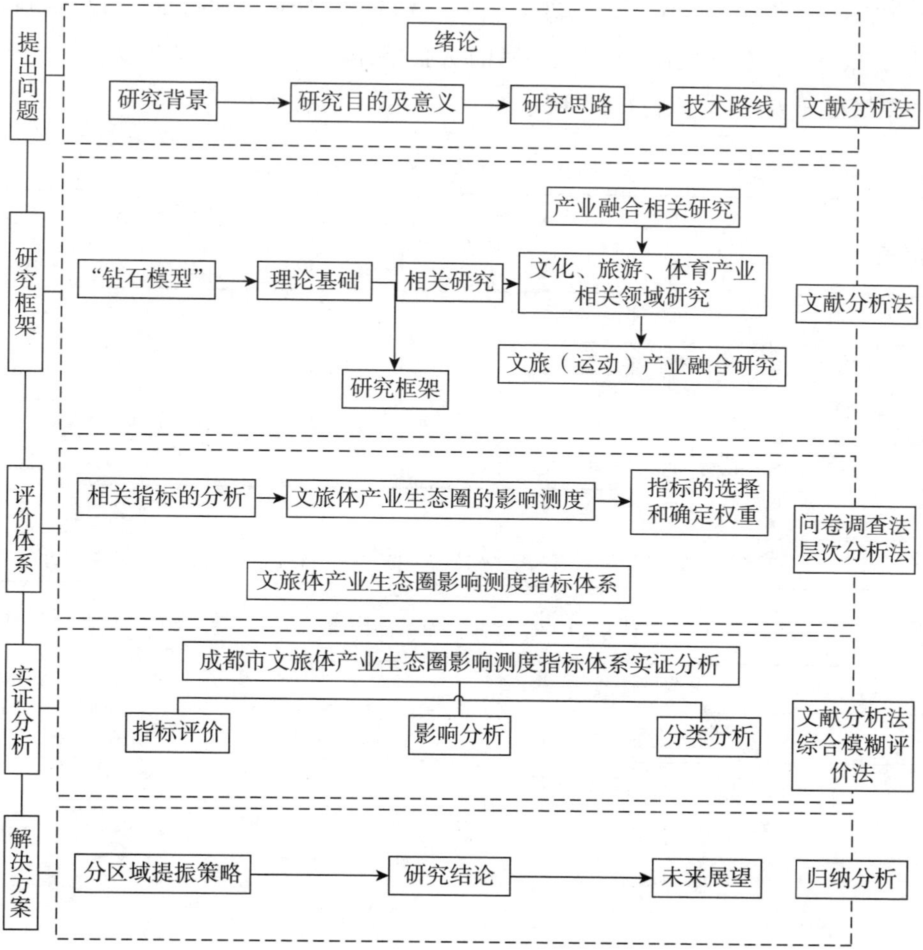

图 6－1　本书的技术路线

6.3　数据获取与样本情况

本书采用问卷调查的方式收集数据。数据获取方式主要有两种:一是通过电子邮件发放调查问卷,二是通过网络调查网站发放调查问卷,其中发放调查问卷的对象主要为高校相关专业师生、产业功能区及相关事业单位工作人员。本次调研共发放调查问卷 155 份,其中,漏选答题大于 10 题的问卷有 6 份,重复作答问卷1份，排除掉这些无效问卷后，共收集到有效调查问卷148份，回收率为95.5%。在有效样本中，受访者的从业、工作单位性质、性别，以及年龄的分布情况如表6-1至表6-4所示。

表6-1　受访者从业分布

从业	频次	百分比(%)
旅游产业	39	26.3
文创产业	17	11.5
体育产业	15	10.1
政府与公共服务	17	11.5
相关领域的教育培训、咨询研究等行业	26	17.6
其他	34	23.0
合计	148	100.0

表6-2　受访者工作单位性质分布

工作单位性质	频次	百分比(%)
政府机关或事业单位	38	25.7
各种协会、学会等行业组织	14	9.5
国有或国有控股企业	24	16.2
民营企业	52	35.1
外资企业	1	0.7
民间非政府组织	4	2.7
其他	15	10.1
合计	148	100.0

表6-3　受访者性别分布

性别	频次	百分比(%)
男	78	52.7
女	70	47.3
合计	148	100.0

表 6-4 受访者年龄分布

年龄(岁)	频次	百分比(%)
20~29	44	29.7
30~39	43	29.1
40~49	35	23.6
50 及以上	26	17.6
合计	148	100.0

6.4 评价方法

层次分析法结合模糊综合评价法为一些无法量化研究的社会问题提供了能够将其转换成定量分析的思路。本书的评价是以价值和事实为基础的，评价对象本身又具有一定的模糊性，而模糊综合评价法的一大特点就是通过特定的模糊数学方法处理广泛存在的模糊现象。因此，本书选择层次分析法结合模糊综合评价法作为测度成都市文旅体产业生态圈影响程度的主要方法。

模糊综合评价法的评价过程包括以下几步：

第一步，确定评价对象的评价指标（要素）集合 U，$U=\{u_1, u_2, \cdots, u_n\}$。

其中，$u_i=(i=1,2,3,\cdots,n)$ 为指标评价要素，n 为同一层次上评价要素的个数。

第二步，确定评价等级，并建立相应集合 $V=\{v_1, v_2, v_3, \cdots, v_m\}$。

其中，$v_j=(j=1,2,3,\cdots,m)$ 指第 j 种评价的结果，m 为评价的等级数。集合 $\{v_1, v_2, v_3, \cdots, v_m\}$ 可以是一种模糊的定性描述，也可以是一种量化的数字。本书中“$v_1, v_2, v_3, v_4, v_5, v_6, v_7$”与评价等级“非常不满意、比较不满意、一般不满意、不满意、比较满意、满意、很满意”相对应。

第三步，进行单个指标的模糊评价。

即确定单个指标与评价等级集合 V 的隶属关系和隶属度。由于一些评价因素只能进行定性描述,更多的是主观因素,不能用数字来表达,所以只能用非常不满意、不满意、比较不满意、一般满意等含糊不清的评价。本书以问卷调查为基础,运用百分数统计方法对评价结果进行分析,得出定性指标的隶属度。百分数统计是用百分数统计被评价的结果,以最后的百分比为质量指数。以单层次模糊综合评价的隶属度为例,采用百分数统计方法。

假设有 n 个评价要素,评估级别的标准有 m 个,那么评价的结果为r_{ij}($i=1,2,\cdots,n;j=1,2,\cdots,m$)。假设一共有 K 位受访者参加评价,其中受访者 c 对于评价要素 i 的评价结果为$u_{i1}^{c},u_{i2}^{c},\cdots,u_{im}^{c}$($c=1,2,3,\cdots,K$),并且$u_{i1}^{c},u_{i2}^{c},\cdots,u_{im}^{c}$中有一个数值是 1,其他均为 0。由下式计算可得指标隶属度:

$$r_{ij}=\sum_{c=1}^{K}u_{ij}^{c}(i=1,2,\cdots,n;j=1,2,\cdots,m)$$

其中,u_{ij}^{c}表示第 c 位受访者对评价对象 i 的评价结果;K 为被邀请受访者的人数;n 为评价要素的个数;m 为评价的等级数。

由上式计算获得的隶属矩阵为:

$$R=\begin{bmatrix} r_{11} & r_{12} & \cdots & r_{1m} \\ r_{21} & r_{22} & \cdots & r_{2m} \\ \cdots & \cdots & \ddots & \cdots \\ r_{n1} & r_{n2} & \cdots & r_{nm} \end{bmatrix}$$

第四步,进行多因素的模糊综合评价。

运用层次分析法将评价指标分层归类整理,确定评价指标的权重系数,由上文可知第一层为目标层,第二层为准则层,记为 $U=\{u_1,u_2,\cdots,u_n\}$,第三层为具体的评价指标,即对第二层因素U_i($i=1,2,\cdots,K$)划分,记为$U_i=\{u_{i1},u_{i2},\cdots,u_{in}\}$($i=1,2,\cdots,n$)。评价要素$U_i$不同时,n 的取值也不尽相同。通过构造判断矩阵,并经归一化处理和一致性检验后确定各层指标权重。设二级指标权重向量为 W,$W=\{w_1,w_2,\cdots,w_k\}$;其中,$0\leqslant w_i\leqslant 1$,且两个向量所有元素之和分别等于 1。

通过对加权系数向量和隶属度矩阵的模糊数学操作,计算出指标因子 i 的各个下一级指标因子与其评估结果向量B_i。

$$B_i=W_i\times R_i$$

第五步，解释评价结果。

通过层次分析和模糊综合评价得到政策评价结果向量$B_i = [b_1, b_2, \cdots, b_n]$（$0 \leq b_n < 1$）。当前主流的判断原则是最大隶属度原则，即取 U 中最大值u_i所对应的评价等级 V 中的v_j作为评价结果。在本书中，与从“非常不同意”到“非常同意”的七个评价等级相对应，可以认为影响程度为从“非常不严重”到“非常严重”的七个等级。

7 指标体系的构建

结合当前环境下文旅体产业生态圈的实际，为了测度分析产业生态圈的影响，本书对“钻石模型”进行了改进，形成了拓展的“新钻石模型”。该模型共包括八个要素，分别为生产要素、需求条件、相关产业和支持产业的表现、战略/结构/竞争对手、政府行为、机遇、创新能力，以及企业经营，具体如图7－1所示。

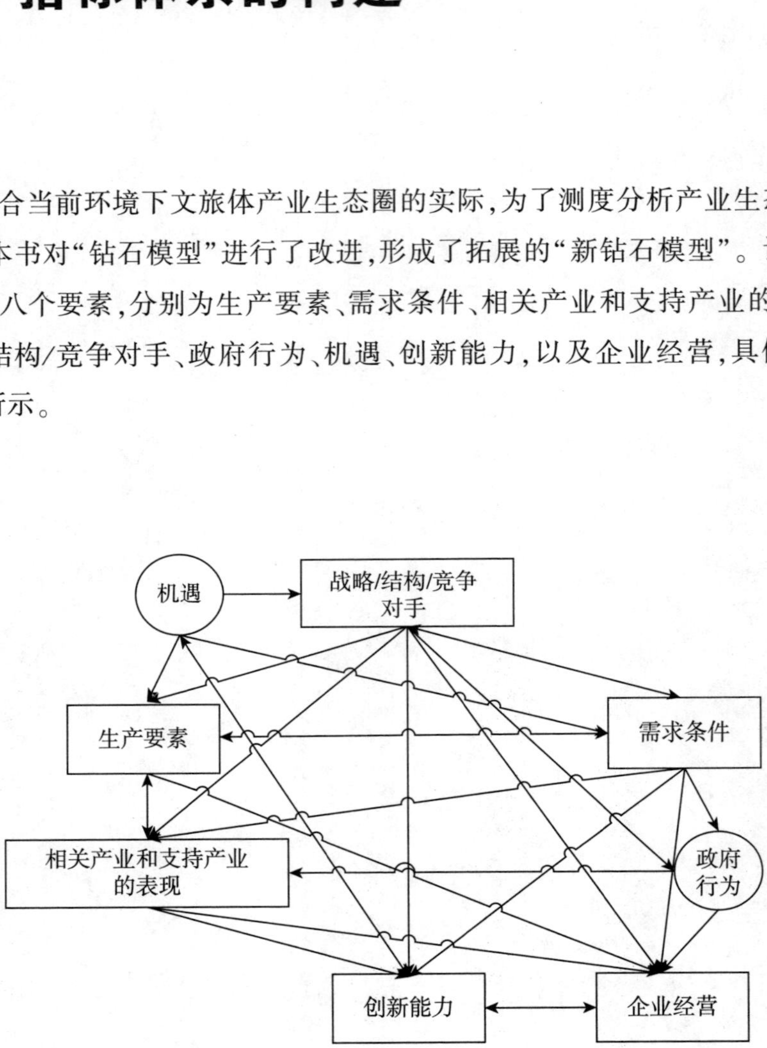

图7－1 拓展的“新钻石模型”

7.1 指标体系构建原则

7.1.1 全面性与重点性相结合

全面性原则是指在选取文旅体产业生态圈影响测度评价指标时，要尽量全面地、充分地考虑所有能影响产业生态圈的关键性因素。在对影响程度进行评价时，既要考虑环境影响的因素，又要依托前人研究的理论基础，不能脱离实际，尽量使选取的评价指标能全面完整地测度产业生态圈的影响，要防止评价指标存在片面性和不合理性。此外，在此基础上还应该突出重点，在构建文旅体产业生态圈影响测度指标体系的过程中，应该充分考虑各个指标相应的特点，使各个指标更具有针对性。

7.1.2 整体与局部相结合

在构建文旅体产业生态圈影响测度指标体系时应该坚持整体性原则，保证指标体系上下链接一致、全面完整。由于文旅体产业生态圈影响测度指标体系是一个由不同要素构成的复杂系统，因此在保证整体性的前提下，还要考虑各个影响因素之间的相互联系和相互作用，遵循系统性原则。构建该指标体系应该做到层次分明、有理有据，使评价指标能够反映不同层次的评价重点。

7.1.3 理论指导与实际应用相结合

构建文旅体产业生态圈影响测度指标体系必须坚持科学的理论指导。本书结合文旅体产业生态圈的特点对“钻石模型”加以改进和创新，形成了拓展的“新钻石模型”，以此构建文旅体产业生态圈影响测度指标体系，确保各指标的科学性、准确性。评价指标体系是理论研究与实际应用相结合的产物，因此，构建指标体系时还需考虑指标的实用性,不仅要保证指标方便度量,而且要保证指标能够应用到实际情况中去,为产业生态圈应对重大事件的对策建议提供实际支撑。

7.2 指标的选择

7.2.1 生产要素

波特认为,生产要素是影响产业竞争优势的主要因素,它包括资本、基础配套设施等。资本是文旅体产业是否能更好发展的重要影响因素。在当前环境下,我们既要考虑企业对文旅体产业生态圈的投资金额及投资能力的影响,也要考虑企业投资方式是否发生转变。因此,在生产要素这一概念上,本书选取了企业投资额、投资企业数量、企业投资方式等测度指标。

7.2.2 需求条件

波特认为,另一个关键的要素是需求状况,即产业的竞争优势。产业对于客户的需要是最敏感的,居民消费能力能激发产业的发展。第一,我们需要考虑国内外文旅体产业消费人数的影响,产业消费收入是否发生改变;第二,市区人流和聚集人数下降,导致包括文化产品和旅游行业在内的市场需求急剧下降,对文旅体产业造成了一定的冲击,此时我们需要考虑对居民消费能力的影响。因此,在需求条件这一概念上,本书拟选取国内需求、国际需求、消费结构等测度指标。

7.2.3 相关产业和支持产业的表现

任何事物都不是单独存在的,尤其是在社会分工日益成熟的当今时代,文旅体产业的发展涉及很多相关产业,比如交通运输业为文旅体产业的发展提供交通便利,从而促进产业发展;信息产业可以加大产业生态圈的宣传,信息技术可以实现资源共享,并以云旅游等方式在一定程度上促进了产业生态圈的发展;医疗卫生产业在文旅体产业的发展过程中提供了医疗保障,医疗卫生产业保障了产业生态圈的安全;教育产业与文旅体产业密切相关,促进在文化、旅游及体育方面知识的传播等。因此,在相关产业和支持产业的表现这一概念上,本书拟选取交通运输业、信息产业、医疗卫生保障产业、教育产业的表现等测度指标。

7.2.4 战略/结构/竞争对手

波特认为,产业在国内竞争市场上的竞争情况对于该产业竞争优势的形成起到了关键作用,并且产业的战略/结构在一定程度上促进产业的发展。园区运营主要包含运营管理方式、运营服务质量、园区运营规划等内容,可以反映这方面的情况。因此,本书需要考虑不可抗力因素对园区运营管理方式、园区运营服务质量、运营规划等方面的影响;此外,市区人流和聚集人数下降,导致包括文化产品和旅游行业在内的市场需求下降,对文旅体产业生态圈造成了一定的冲击,减少了对市场的消费,所以还需要考虑在此环境下,文旅体产业替代品(如线上旅游等)对产业生态圈的影响。因此,在战略/结构/竞争对手这一概念上,本书拟选取园区运营管理方式、园区运营服务、园区运营规划、园区综合竞争力,以及文旅体产业替代品等测度指标。

7.2.5 政府行为

产业发展离不开外部环境的支撑,而在某些情况下,政府和机会因素对产业的可持续发展有直接的影响,政策扶持是政府对产业最直接的支持,同时也是产业的机遇。政府对文旅体产业生态圈的扶持至关重要,尤其是资金的支持,因此政府拨款及其执行情况对产业生态圈的恢复与发展起着关键性的作用;政府政策在一定程度上会促进产业生态圈的恢复与发展;在当前环境下,政府加大对文旅体产业生态圈的宣传力度,有利于扩大产业生态圈的知名度,进一步推动产业生态圈的发展;在面临市场不确定性时,政府及时处理问题的能力是非常重要的,应急管理能力越强,产业的恢复与发展速度就越快。因此,在政府行为这一概念上,本书选取了政府财政拨款、政府执行情况、政府政策、宣传推广、营商环境、知识产权保护、政府应急管理能力等测度指标。

7.2.6 机遇

"钻石模型"理论认为,机会大多来源于产业外部,具有一定的不确定性。通常情况下,机会可以改变其他因素的状况,并对各个因素的发展产生影响。首先,实行严格社会管控的环境下,文旅体产业生态圈受到了冲击,此时新媒体在产业生态圈宣传工作中的重要性得以凸显,为产业生态圈的恢复与发展提供了传播机遇;其次,更多居民会选择国内旅游,这给产业生态圈的恢复与发展带来了消费机遇;最后,由于市场低迷,在一定程度上会激发产业生态圈进行创新,为产业生态圈的恢复与发展提供创新机遇。因此,在机遇这一概念上,本书拟选取传播机遇、国际态势、创新机遇等测度指标。

7.2.7 创新能力

创新能力是测度文旅体产业生态圈影响的一个核心要素。产品销售是企业盈利的基本途径,因此,基于产业生态圈的文化资源底蕴,结合当前的实际情况,对生态圈内的产品进行创新是非常有必要的;有必要通过市场创新,进一步开拓新的市场,促进产业的恢复与发展;加强技术创新是产业生态圈恢复与发展的重要路径;单一的产业在面临市场的不确定性风险时的力量是非常薄弱的,因此政府应鼓励产业之间联合经营,"抱团取暖",这样产业融合会在相当程度上促进产业的恢复与发展;人才是产业迅速发展的关键要素之一,优化人才结构、引进各种类型的人才等举措会促进产业生态圈的发展。因此,在创新能力这一概念上,本书选取了产品创新能力、市场创新能力、技术创新能力、产业融合创新能力、人才创新能力等测度指标。

7.2.8 企业经营

在当前环境下,必须考虑产业生态圈内企业的经营情况。例如,文旅体消费市场的管控对生态圈内企业的绩效及规模的扩展也造成了一定的影响;此外,企业在夹缝中求生存,在一定程度上会激发企业的创新能力。因此,在企业经营这一概念上,本书选取了企业绩效、企业规模、企业创新、企业发展潜力、企业营商环境等测度指标。

7.3 指标优化

7.3.1 指标的初步选择与优化方法

如前文所述,以“钻石模型”为理论基础,根据产业特点,将评估的指标分为生产要素、需求条件、相关产业和支持产业的表现、战略/结构/竞争对手、政府行为、机遇、创新能力、企业经营八个维度,形成拓展的“新钻石模型”,并基于本书探索文旅体产业生态圈影响测度的目的,进一步进行整理与分析,最终确立文旅体产业生态圈影响测度的指标体系初表,具体如表 7-1 所示。

表 7-1 初步选择的指标

序号	一级指标 A	二级指标 B	评估内容
1	生产要素 A1	企业投资额 B11	对企业投资产业生态圈/产业生态功能区金额的影响
2		投资企业数量 B12	对投资产业生态圈/产业生态功能区企业数量的影响
3		企业投资方式 B13	对企业投资产业生态圈/产业功能区方式转变的影响

续表

序号	一级指标 A	二级指标 B	评估内容
4	需求条件 A2	国内需求 B21	对国内文旅体产业消费人数、产业消费收入的影响
5		国际需求 B22	对入境文旅体产业消费人数,国际文旅体产业消费收入的影响
6		消费结构 B23	对居民文旅体消费占总消费比重的影响
7	相关产业和支持产业的表现 A3	交通运输业 B31	交通运输业对文旅体产业生态圈的作用
8		影视娱乐产业 B32	影视娱乐产业对文旅体产业生态圈的作用
9		教育产业 B33	教育产业对文旅体产业生态圈的作用
10		信息产业 B34	信息产业对文旅体产业生态圈的作用
11		医疗卫生保障 B35	医疗卫生保障对文旅体产业的作用
12	战略/结构/竞争对手 A4	园区运营管理方式 B41	对园区运营管理方式转变的影响
13		园区运营服务 B42	对园区运营服务质量提升的影响
14		园区运营规划 B43	对园区运营规划改变的影响
15		园区综合竞争力 B44	对园区的综合竞争力的影响
16		文旅体产业替代品 B45	文旅体产业替代品对产业生态圈/产业功能区的影响
17	政府行为 A5	政府财政拨款 B51	对政府拨款金额的影响
18		政府执行情况 B52	对政府拨款金额执行情况的影响
19		政府政策 B53	对政府颁布关于文旅体产业的条例条规、政策的影响
20		宣传推广 B54	对政府对文旅体产业生态圈宣传力度的影响
21		营商环境 B55	对政府营商环境的影响
22		知识产权保护 B56	对政府重视知识产权保护的影响
23		政府应急管理能力 B57	对政府面对重大公共卫生事件的影响

续表

序号	一级指标 A	二级指标 B	评估内容
24	机遇 A6	传播机遇 B61	通过新媒体宣传生态圈/产业功能区，带来的机遇
25		国际态势 B62	与国外对比，给国内生态圈/产业功能区带来的机遇
26		创新机遇 B63	对文旅体产业生态圈/产业功能区的创新活动的激励
27	创新能力 A7	产品创新能力 B71	对生态圈/产业功能区产品创新能力提升的影响
28		市场创新能力 B72	对生态圈/产业功能区市场创新能力提升的影响
29		技术创新能力 B73	对生态圈/产业功能区技术创新能力提升的影响
30		产业融合创新能力 B74	对生态圈/产业功能区产业融合创新能力提升的影响
31		人才创新能力 B75	对生态圈/产业功能区人才创新能力提升的影响
32	企业经营 A8	企业绩效 B81	对产业生态圈内企业绩效状况的影响
33		企业规模 B82	对产业生态圈内企业规模大小的影响
34		企业创新 B83	对产业生态圈内企业创新能力提升的影响
35		企业发展潜力 B84	对产业生态圈内企业发展潜力的影响
36		企业营商环境 B85	对产业生态圈内企业环境质量、管理水平、人才素质的影响

本书运用德尔菲法，通过咨询专家意见，对文旅体产业生态圈影响测度指标进行取舍，最终得到在研究中实际应用的指标。在本书中，德尔菲法具体操作流程如下：

7.3.1.1 组建专家小组

邀请8名在文化产业、旅游产业、体育产业、管理学方面具有权威性的专家,包括高校文化产业、旅游产业、体育产业与管理学专家共3名,相关产业企业负责人4名,旅游协会行业专家1名组成专家小组。

7.3.1.2 第一轮德尔菲法问卷评分

向专家发放《成都市文旅体产业生态圈影响测度指标评价专家问卷》(见附录1),请专家对每个指标进行赋分,提出指标增减与改善的评价,并匿名将结果反馈回来。专家赋分方法运用李克特7分法:非常不需要、不需要、比较不需要、一般需要、比较需要、需要、非常需要分别给1分、2分、3分、4分、5分、6分、7分。再对各个指标进行综合打分,采用较为苛刻的标准,将得分低于5的指标剔除。同时,将评委们的意见和建议合并到下一份调查表中。

7.3.1.3 第二轮德尔菲法问卷评分

将汇总后的指标和意见重新发给专家,由他们进行对比,并根据自己的观点和判断进行修正,最终将修改意见匿名送回。

7.3.1.4 归纳与整理

归纳并整理专家意见,得出成都市文旅体产业生态圈影响测度评价指标体系。

7.3.2 指标评价及修改

7.3.2.1 第一轮修改

首先,将第一轮问卷的各级指标的得分意见进行整理统计,结果如表7-2所示。

表 7-2 德尔菲法第一轮的指标分析结果

序号	指标	平均值	标准差	变异系数
1	企业投资额 B11	5.63	1.18	0.21
2	投资企业数量 B12	4.88	1.07	0.22
3	企业投资方式 B13	5.13	1.36	0.26
4	国内需求 B21	6.25	1.46	0.23
5	国际需求 B22	6.13	1.07	0.17
6	消费结构 B23	5.38	1.18	0.22
7	交通运输业 B31	5.88	0.83	0.14
8	影视娱乐产业 B32	4.63	0.70	0.15
9	教育产业 B33	3.50	1.29	0.37
10	信息产业 B34	5.13	1.07	0.21
11	医疗卫生保障 B35	5.25	1.41	0.27
12	园区运营管理方式 B41	5.75	0.76	0.13
13	园区运营服务 B42	5.38	0.45	0.08
14	园区运营规划 B43	5.50	0.45	0.08
15	园区综合竞争力 B44	5.13	1.48	0.29
16	文旅体产业替代品 B45	5.63	0.88	0.16
17	政府财政拨款 B51	5.63	0.83	0.15
18	政府执行情况 B52	5.25	1.16	0.22
19	政府政策 B53	5.88	0.83	0.14
20	宣传推广 B54	5.25	0.90	0.17
21	营商环境 B55	5.13	1.29	0.25
22	知识产权保护 B56	3.88	1.41	0.36
23	政府应急管理能力 B57	6.13	1.07	0.17
24	传播机遇 B61	6.50	0.49	0.08
25	国际态势 B62	5.75	1.05	0.18
26	创新机遇 B63	6.00	0.76	0.13

续表

序号	指标	平均值	标准差	变异系数
27	产品创新能力 B71	6.13	0.64	0.10
28	市场创新能力 B72	6.00	0.64	0.11
29	技术创新能力 B73	5.38	0.73	0.14
30	产业融合创新能力 B74	5.75	0.76	0.13
31	人才创新能力 B75	5.63	0.83	0.15
32	企业绩效 B81	5.75	1.03	0.18
33	企业规模 B82	5.13	0.99	0.19
34	企业创新 B83	5.38	0.73	0.14
35	企业发展潜力 B84	5.13	0.70	0.14
36	企业营商环境 B85	4.75	0.64	0.13

其次，按照专家评分，将各层次指标的计算平均值、标准差、变异因子综合起来，通过对指标进行统计，发现 B12 指标“投资企业数量”平均分为 4.88 分，得分低于 5 分，因此删除该指标。分析原因，多数专家认为 B11 指标“企业投资额”在一定程度上也体现了投资企业数量，该指标多余，因此综合各专家意见和得分情况，删除该指标，B32 指标“影视娱乐产业”、B33 指标“教育产业”平均分分别为 4.63 分、3.50 分，得分均低于 5 分，因此将这两个指标删除。分析原因，专家认为影视娱乐产业和教育产业是隐形行业，不会直接对文旅体产业产生支撑作用，故将指标删除。B56 指标“知识产权保护”平均分为 3.88 分，得分低于 5 分，因此将该指标删除。分析原因，多数专家认为政府的知识产权保护与文旅体产业生态圈的影响测度不太相关，因此综合各专家的意见和得分情况，将该指标删除。此外，B85 指标“企业营商环境”平均分为 4.75 分，得分低于 5 分，多数专家认为企业营商环境与 B55 指标“营商环境”重复，建议删除该指标。其他指标得分均高于 5 分，全部予以保留。

专家认为，企业投资能力对推动文旅体产业的恢复和发展也起到非常重要的作用。因此，专家提出增加“企业投资能力”这一指标。专家认为产业生态圈建设的根本是为消费者提供更好的服务和消费场景，可通过外部因素来诱导和提升居民文旅体消费心理账户的额度,不可抗力因素对居民消费能力有较大的影响。因此专家提出增加"居民消费能力"这一指标。此外,专家认为餐饮住宿产业是推动文旅体产业发展的基础,因此,提出增加"餐饮住宿产业"这一指标。

此外,专家在对各级指标进行评分的基础上给出了不同的修改意见。专家将"企业绩效"改为"财务绩效"。

最后,对以上调查问卷进行了汇总和整理,得出以下修正内容:①删除二级指标 B12"投资企业数量"、B32"影视娱乐产业"、B33"教育产业"、B56"知识产权保护"、B85"企业营商环境"。②新增二级指标"企业投资能力""居民消费能力""餐饮住宿行业"。③修改指标 B81 为"财务绩效"。

7.3.2.2 第二轮修改

本书依据第一轮调查的修改意见进行调整后,第二次向以上专家分发调查表,并再次进行修改。专家对指标的评分结果如表 7-3 所示,其中各项指标得分均在 5 分以上,因此无须剔除指标。至此,得到了文旅体产业生态圈影响的测度指标体系。

表 7-3 德尔菲法第二轮的指标分析结果

序号	指标	平均值	标准差	变异系数
1	企业投资额 B11	5.57	1.18	0.21
2	企业投资方式 B12	5.00	1.07	0.21
3	企业投资能力 B13	5.14	1.36	0.26
4	国内需求 B21	6.14	1.46	0.24
5	国际需求 B22	6.00	1.07	0.18
6	消费结构 B23	5.57	1.18	0.21
7	居民消费能力 B24	5.43	0.90	0.17
8	交通运输业 B31	5.86	0.83	0.14
9	信息产业 B32	5.00	1.07	0.21

续表

序号	指标	平均值	标准差	变异系数
10	医疗卫生保障 B33	5.00	1.41	0.28
11	餐饮住宿行业 B34	5.14	1.25	0.24
12	园区运营管理方式 B41	6.00	0.76	0.13
13	园区运营服务 B42	5.71	0.45	0.08
14	园区运营规划 B43	5.29	0.45	0.09
15	园区综合竞争力 B44	5.29	1.48	0.28
16	文旅体产业替代品 B45	5.71	0.88	0.15
17	政府财政拨款 B51	5.86	0.83	0.14
18	政府执行情况 B52	5.71	1.16	0.20
19	政府政策 B53	5.86	0.83	0.14
20	宣传推广 B54	5.43	0.90	0.17
21	营商环境 B55	5.43	1.29	0.24
22	政府应急管理能力 B56	6.00	1.07	0.18
23	传播机遇 B61	6.57	0.49	0.08
24	国际态势 B62	5.57	1.05	0.19
25	创新机遇 B63	6.00	0.76	0.13
26	产品创新能力 B71	6.14	0.64	0.10
27	市场创新能力 B72	6.14	0.64	0.10
28	技术创新能力 B73	5.57	0.73	0.13
29	产业融合创新能力 B74	6.00	0.76	0.13
30	人才创新能力 B75	5.86	0.83	0.14
31	财务绩效 B81	5.71	1.03	0.18
32	企业规模 B82	5.14	0.99	0.19
33	企业创新 B83	5.57	0.73	0.13
34	企业发展潜力 B84	5.29	0.70	0.13

7.3.3 最终的测度指标

发放两轮德尔菲问卷后，专家意见趋于一致，因此，停止发放调研问卷，得出了最终的评价指标。为了方便后续指标体系的权重评估，最后计算各层次、各指标权重，根据指标的层次，对最终评价体系进行排序，如表 7－4 所示。

表 7－4 最终的测度指标

一级指标	二级指标
生产要素 A1	企业投资额 B11
	企业投资方式 B12
	企业投资能力 B13
需求条件 A2	国内需求 B21
	国际需求 B22
	消费结构 B23
	居民消费能力 B24
相关产业和支持产业的表现 A3	交通运输业 B31
	信息产业 B32
	医疗卫生保障 B33
	餐饮住宿行业 B34
战略/结构/竞争对手 A4	园区运营管理方式 B41
	园区运营服务 B42
	园区运营规划 B43
	园区综合竞争力 B44
	文旅体产业替代品 B45
政府行为 A5	政府财政拨款 B51
	政府执行情况 B52
	政府政策 B53
	宣传推广 B54
	营商环境 B55
	政府应急管理能力 B56

续表

一级指标	二级指标
机遇 A6	传播机遇 B61
	国际态势 B62
	创新机遇 B63
创新能力 A7	产品创新能力 B71
	市场创新能力 B72
	技术创新能力 B73
	产业融合创新能力 B74
	人才创新能力 B75
企业经营 A8	财务绩效 B81
	企业规模 B82
	企业创新 B83
	企业发展潜力 B84

7.4 指标权重

7.4.1 测度指标分析层次模型

本书采用层次分析法确定指标权重。本书采用层次分析法(AHP)对复杂多目标问题的评估进行了分解,并采用判定矩阵的特征向量法对各层次进行了评估。在进行层次分析之前,本书构建了文旅体产业生态圈影响测度指标体系的层次模型,具体如图 7-2 所示。

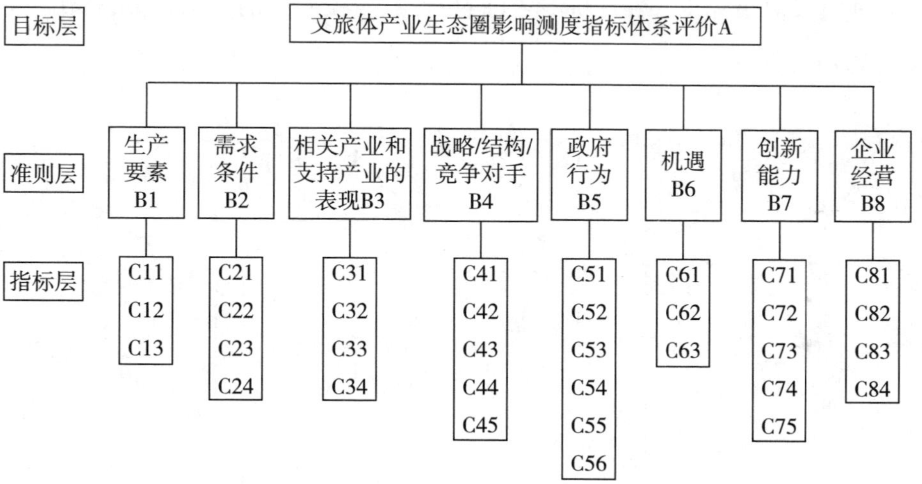

图 7－2 测度指标体系的层次模型

7.4.2 指标权重的确定

7.4.2.1 判断矩阵层次结构模型

本书选取了文化、体育、旅游产业与企业管理专家 3 位，相关产业企业负责人 4 位，旅游协会行业专家 1 位组成专家组，并且采用九级标度作为标度准则设计“指标重要性评价专家问卷”（见附录 2）发放给专家组，征求专家的建议与意见，判断矩阵标度及含义如表 7－5 所示。

表 7－5 判断矩阵标度及含义

标度	含义
1	两元素比较，具有同等重要性
3	两元素比较，i 比 j 略重要
5	两元素比较，i 比 j 明显重要
7	两元素比较，i 比 j 非常重要
9	两元素比较，i 比 j 极端重要
2、4、6、8	重要值介于上述判断之间
倒数	元素 i 与元素 j 的反向比较

通过发放指标重要性评价专家问卷，计算 8 位专家的平均得分，得出一级指标层判断矩阵 A。

$$A=\begin{bmatrix}1 & \frac{1}{3} & \frac{1}{3} & 1 & \frac{1}{3} & \frac{1}{3} & \frac{1}{5} & \frac{1}{5}\\ 3 & 1 & 1 & \frac{1}{2} & \frac{1}{2} & \frac{1}{4} & \frac{1}{3} & \frac{1}{3}\\ 3 & 1 & 1 & \frac{1}{2} & \frac{1}{3} & \frac{1}{4} & \frac{1}{3} & \frac{1}{3}\\ 1 & 2 & 2 & 1 & 1 & \frac{1}{2} & \frac{1}{3} & \frac{1}{3}\\ 3 & 2 & 3 & 1 & 1 & 1 & \frac{1}{2} & \frac{1}{2}\\ 3 & 4 & 4 & 2 & 1 & 1 & \frac{1}{2} & \frac{1}{2}\\ 5 & 3 & 3 & 3 & 2 & 2 & 1 & 1\\ 5 & 3 & 3 & 3 & 2 & 2 & 1 & 1\end{bmatrix}$$

继续计算二级指标层判断矩阵，结果如矩阵 B1 ~ B8 所示。B1 ~ B8 依次给出了生产要素、需求条件、相关产业和支持产业的表现、战略/结构/竞争对手、政府行为、机遇、创新能力、企业经营准则下各指标的相对权重。

$$B1=\begin{bmatrix}1 & 3 & 1\\ \frac{1}{3} & 1 & \frac{1}{3}\\ 1 & 3 & 1\end{bmatrix}$$

$$B2=\begin{bmatrix}1 & 5 & 3 & 3\\ \frac{1}{5} & 1 & \frac{1}{2} & \frac{1}{2}\\ \frac{1}{3} & \frac{1}{5} & 1 & 1\\ \frac{1}{3} & 2 & 1 & 1\end{bmatrix}$$

$$B3 = \begin{bmatrix} 1 & 1 & \frac{1}{3} & 1 \\ 1 & 1 & \frac{1}{3} & 1 \\ 3 & 1 & 1 & 3 \\ 1 & 1 & \frac{1}{3} & 1 \end{bmatrix}$$

$$B4 = \begin{bmatrix} 1 & 1 & 5 & \frac{1}{3} & 1 \\ 1 & 1 & 5 & \frac{1}{2} & 4 \\ \frac{1}{5} & \frac{1}{5} & 1 & \frac{1}{4} & \frac{1}{2} \\ 3 & 2 & 4 & 1 & 5 \\ \frac{1}{3} & \frac{1}{4} & 2 & \frac{1}{5} & 1 \end{bmatrix}$$

$$B5 = \begin{bmatrix} 1 & \frac{1}{3} & \frac{1}{3} & 1 & \frac{1}{3} & \frac{1}{2} \\ 3 & 1 & 1 & 3 & 1 & 2 \\ 3 & 1 & 1 & 3 & 2 & 2 \\ 1 & \frac{1}{3} & \frac{1}{3} & 1 & \frac{1}{3} & \frac{1}{2} \\ 3 & 1 & \frac{1}{2} & 3 & 1 & 2 \\ 2 & \frac{1}{2} & \frac{1}{2} & 2 & \frac{1}{2} & 1 \end{bmatrix}$$

$$B6 = \begin{bmatrix} 1 & 3 & 1 \\ \frac{1}{3} & 1 & \frac{1}{3} \\ 1 & 3 & 1 \end{bmatrix}$$

$$B7 = \begin{bmatrix} 1 & 3 & \frac{1}{2} & 3 & 2 \\ \frac{1}{3} & 1 & \frac{1}{4} & 1 & \frac{1}{2} \\ 2 & 4 & 1 & 5 & 2 \\ \frac{1}{3} & 1 & \frac{1}{5} & 1 & \frac{1}{2} \\ \frac{1}{2} & 2 & \frac{1}{2} & 2 & 1 \end{bmatrix}$$

$$B8 = \begin{bmatrix} 1 & 5 & 1 & \frac{1}{3} \\ \frac{1}{5} & 1 & \frac{1}{4} & \frac{1}{7} \\ 1 & 4 & 1 & \frac{1}{3} \\ 3 & 7 & 3 & 1 \end{bmatrix}$$

7.4.2.2 一致性检验

由于各层次所含指标较多,并且问卷受到被访者主观填写的影响等,矩阵有时会产生不同的效果。因此,必须对该矩阵进行一致性检验,以判定其是否正确,以使各个层次的指标之间的相关性得到科学的反映。首先,对相容指数CI进行计算,其中最大特征值是λ_{max},而n是判定矩阵的阶次,其公式为:

$$CI = \frac{\lambda_{max} - n}{n - 1}$$

$$\lambda_{max} = \sum_{i=1}^{n} \frac{(BW)_i}{nW_i}$$

其次,一致性检查,使用了一致性比CR。当$CR = 0$时,判定矩阵是完全一致的;在$CR < 0.1$的情况下,该矩阵的判定结果是令人满意的,可以接受;当$CR \geqslant 0.1$时,需要对矩阵中的某些要素进行重新调整。一致性比CR按以下公式来计算:

$$CR = \frac{CI}{RI}$$

RI 是判定矩阵的平均随机一致性值,它的大小只与矩阵的阶相关,具体如表 7 – 6 所示。

表 7 – 6 判定矩阵的平均随机一致性值

阶数	1	2	3	4	5	6	7	8	9	10
RI	0	0	0.58	0.90	1.12	1.24	1.32	1.41	1.45	1.49

构建文旅体产业生态圈影响测度模型矩阵,通过层次分析法,运用 Yaahp10.3 软件计算其矩阵一致性。其中,文旅体产业生态圈影响测度评价指标判断矩阵 A 的一致性 CRA = 0.0398 < 0.1,则通过矩阵一致性检验,判断为有效矩阵。

指标层的一致性为 CRB1 = 0 < 0.1, CRB2 = 0.0016 < 0.1, CRB3 = 0 < 0.1, CRB4 = 0.0414 < 0.1, CRB5 = 0.0108 < 0.1, CRB6 = 0 < 0.1, CRB7 = 0.0085 < 0.1, CRB8 = 0.0218 < 0.1。由此可以判定,所有指标层的判定矩阵都通过了一致性验证。因而,该评估指标体系通过了测试。

7.4.2.3 权重确定

根据指标重要性评价专家问卷得到判断矩阵后,利用软件算出评价体系准则层和指标层的权重,具体如表 7 – 7 所示。

表 7 – 7 准则层和指标层各元素的权重

目标层	准则层	权重	指标层	局部权重	全局权重
A	B1	0.04	C11	0.43	0.02
			C12	0.14	0.01
			C13	0.43	0.02
	B2	0.07	C21	0.53	0.04
			C22	0.10	0.01
			C23	0.19	0.01
			C24	0.18	0.01

续表

目标层	准则层	权重	指标层	局部权重	全局权重
A	B3	0.06	C31	0.17	0.01
			C32	0.17	0.01
			C33	0.50	0.03
			C34	0.16	0.01
	B4	0.09	C41	0.21	0.02
			C42	0.24	0.02
			C43	0.06	0.01
			C44	0.41	0.03
			C45	0.08	0.01
	B5	0.13	C51	0.08	0.01
			C52	0.23	0.03
			C53	0.27	0.04
			C54	0.08	0.01
			C55	0.21	0.02
			C56	0.13	0.02
	B6	0.16	C61	0.43	0.07
			C62	0.14	0.02
			C63	0.43	0.07
	B7	0.23	C71	0.26	0.06
			C72	0.09	0.02
			C73	0.40	0.09
			C74	0.08	0.04
			C75	0.17	0.02
	B8	0.23	C81	0.21	0.05
			C82	0.06	0.01
			C83	0.20	0.05
			C84	0.53	0.12

7.4.3 权重数值的解读

本书通过准则层各元素的权重赋值数据发现，指标“创新能力”与“企业经营”的权重最大，均为0.23，说明在当前环境下，文旅体产业生态圈内的创新能力与企业经营受到明显影响。因此，我们在考虑传统“钻石模型”包括的生产、需求、相关产业和支撑产业的绩效之外，更应该注重不可抗力因素对产业生态圈内产业功能区创新能力的影响，以及对企业经营发展的影响。

本书通过指标层各元素的权重赋值数据发现，在文旅体产业影响测度指标体系的指标层所包含的34个指标中，权重较高的依次是企业发展潜力、技术创新能力、传播机遇、创新机遇、产品创新能力、企业创新、财务绩效、政府政策、国内需求。由此可以看出，我们要更多地从这些权重较高的方面去考虑不可抗力因素对产业生态圈的影响。

8 文旅体产业融合的实证分析

8.1 信度效度检验

本书运用前述问卷调研得到的数据进行信度效度检验。对于个别问题的少量缺失值，我们采用极大似然估计法对问卷漏选答题进行填补。采用 SPSS22.0 软件，对所填资料进行了信度、效度检验，得出了 Cronbach's α 值大于 0.8，效度检验 KMO > 0.8，并采用 Bartlett 球形检验，证明问卷数据的可靠性和有效性是能够接受的。初步调查结果如表 8-1 至表 8-8 所示。

表 8-1 "生产要素"各指标得分频次分布

生产要素 B1	非常不同意	不同意	比较不同意	一般同意	比较同意	同意	非常同意
企业投资额 C11	8	17	17	35	26	40	5
企业投资方式 C12	3	5	4	27	46	50	13
企业投资能力 C13	7	22	17	41	31	24	6

表 8－2 “需求条件”各指标得分频次分布

需求条件 B2	非常不同意	不同意	比较不同意	一般同意	比较同意	同意	非常同意
国内需求 C21	4	25	23	26	29	31	10
国际需求 C22	3	14	21	18	40	37	15
消费结构 C23	3	13	20	23	46	32	11
居民消费能力 C24	1	8	9	17	45	29	39

表 8－3 “相关产业和支持产业的表现”各指标得分频次分布

相关产业和支持产业的表现 B3	非常不同意	不同意	比较不同意	一般同意	比较同意	同意	非常同意
交通运输业 C31	2	18	19	34	47	18	10
信息产业 C32	10	39	28	38	18	12	3
医疗卫生保障 C33	11	48	23	28	11	21	6
餐饮住宿行业 C34	1	2	5	29	39	37	36

表 8－4 “战略/结构/竞争对手”各指标得分频次分布

战略/结构/竞争对手 B4	非常不同意	不同意	比较不同意	一般同意	比较同意	同意	非常同意
园区运营管理方式 C41	1	3	8	36	42	47	11
园区运营服务 C42	2	4	19	47	36	39	1
园区运营规划 C43	1	5	5	43	34	55	5
园区综合竞争力 C44	1	17	27	42	20	40	1
文旅体产业替代品 C45	4	18	20	38	31	31	6

表 8 –5 “政府行为”各指标得分频次分布

政府行为 B5	非常不同意	不同意	比较不同意	一般同意	比较同意	同意	非常同意
政府财政拨款 C51	1	4	3	33	45	45	17
政府执行情况 C52	3	7	4	47	33	51	3
政府政策 C53	3	2	5	39	44	47	8
宣传推广 C54	2	5	1	42	42	37	19
营商环境 C55	2	8	9	44	36	43	6
政府应急管理能力 C56	1	0	4	14	56	36	37

表 8 –6 “机遇”各指标得分频次分布

机遇 B6	非常不同意	不同意	比较不同意	一般同意	比较同意	同意	非常同意
传播机遇 C61	2	1	3	16	65	40	21
国际态势 C62	1	0	0	17	54	33	43
创新机遇 C63	1	2	2	24	54	46	19

表 8 –7 “创新能力”各指标得分频次分布

创新能力 B7	非常不同意	不同意	比较不同意	一般同意	比较同意	同意	非常同意
产品创新能力 C71	2	2	5	37	50	41	11
市场创新能力 C72	2	2	3	37	55	40	9
技术创新能力 C73	2	2	3	42	45	46	8
产业融合创新能力 C74	2	1	5	36	46	50	8
人才创新能力 C75	3	6	10	40	44	39	6

表 8-8 “企业经营”各指标得分频次分布

企业经营 B8	非常不同意	不同意	比较不同意	一般同意	比较同意	同意	非常同意
财务绩效 C81	1	3	5	42	43	37	17
企业规模 C82	0	9	11	34	40	41	13
企业创新 C83	0	2	6	49	45	38	8
企业发展潜力 C84	4	14	19	41	33	28	9

8.2 评价结果

8.2.1 生产要素指标（U1）

建立评估对象指标集合 $U_1=[U_{11},U_{12},U_{13}]$

建立评估等级集合 $V=[V_1,V_2,V_3,V_4,V_5,V_6,V_7]$

二级指标 U_{11}(企业投资额)、U_{12}(企业投资方式)、U_{13}(企业投资能力)的隶属度如下：

$$r_{11}=[0.05,0.11,0.11,0.24,0.27,0.18,0.03]$$

$$r_{12}=[0.02,0.03,0.03,0,18,0.34,0.31,0.09]$$

$$r_{13}=[0.05,0.15,0.11,0.28,0.16,0.21,0.04]$$

因此得出生产要素指标 U_1 的隶属度矩阵为：

$$U1=\begin{bmatrix}0.05 & 0.11 & 0.11 & 0.24 & 0.27 & 0.18 & 0.03\\ 0.02 & 0.03 & 0.03 & 0.18 & 0.34 & 0.31 & 0.09\\ 0.05 & 0.15 & 0.11 & 0.28 & 0.16 & 0.21 & 0.04\end{bmatrix}$$

在一级指标“生产要素”下，各二级指标的权重向量为：

$$W_1=(0.43,0.14,0.43)$$

通过公式 $U=W\times R$，得出 U_1 的综合评估结果向量为：

$$U_1=(0.05,0.12,0.10,0.25,0.23,0.21,0.04)$$

“生产要素”指标的评估结果如表 8－9 所示。

表 8－9 “生产要素”指标的评估结果

评估结果	非常不同意	不同意	比较不同意	一般同意	比较同意	同意	非常同意
隶属度	0.05	0.12	0.10	0.25	0.23	0.21	0.04

根据隶属度最大原则，由表 8－9 可知，最大数值(0.25)对应的评价等级为“一般同意”，因此在“生产要素”这一指标上，成都市文旅体产业生态圈的影响程度为“一般”。

8.2.2 需求条件指标（U2）

建立评估对象指标集合 $U_2=[U_{21},U_{22},U_{23},U_{24}]$

建立评估等级集合 $V=[V_1,V_2,V_3,V_4,V_5,V_6,V_7]$

二级指标 U_{21}(国内需求)、U_{22}(国际需求)、U_{23}(消费结构)、U_{24}(居民消费能力)的隶属度如下：

$$r_{21}=[0.03,0.17,0.16,0.17,0.21,0.19,0.07]$$

$$r_{22}=[0.02,0.09,0.14,0.12,0.25,0.27,0.10]$$

$$r_{23}=[0.02,0.09,0.14,0.15,0.22,0.31,0.07]$$

$$r_{24}=[0.01,0.06,0.06,0.11,0.20,0.30,0.26]$$

因此得出需求条件指标 U_2 的隶属度矩阵为：

$$U2=\begin{bmatrix} 0.03 & 0.17 & 0.16 & 0.17 & 0.21 & 0.19 & 0.07 \\ 0.02 & 0.09 & 0.14 & 0.12 & 0.25 & 0.27 & 0.10 \\ 0.02 & 0.09 & 0.14 & 0.15 & 0.22 & 0.31 & 0.07 \\ 0.01 & 0.06 & 0.06 & 0.11 & 0.20 & 0.30 & 0.26 \end{bmatrix}$$

在一级指标“需求条件”下，各二级指标的权重向量为：

$$W_2=(0.53,0.10,0.19,0.18)$$

通过公式 $U=W\times R$，得出 U_2 的综合评估结果向量为：

$$U_2=(0.04,0.13,0.13,0.15,0.21,0.24,0.10)$$

“需求条件”指标的评估结果如表 8 – 10 所示。

表 8 – 10 “需求条件”指标的评估结果

评估结果	非常不同意	不同意	比较不同意	一般同意	比较同意	同意	非常同意
隶属度	0.04	0.13	0.13	0.15	0.21	0.24	0.10

根据隶属度最大原则，由表 8 – 10 可知，最大数值（0.24）对应的评价等级为“同意”，因此在“需求条件”这一指标上，成都市文旅体产业生态圈的影响程度为“严重”。

8.2.3 相关产业和支持产业的表现指标（U3）

建立评估对象指标集合 $U_3 = [U_{31}, U_{32}, U_{33}, U_{34}]$

建立评估等级集合 $V = [V_1, V_2, V_3, V_4, V_5, V_6, V_7]$

二级指标 U_{31}（交通运输业）、U_{32}（信息产业）、U_{33}（医疗卫生保障）、U_{34}（餐饮住宿行业）的隶属度如下：

$$r_{31} = [0.01, 0.12, 0.13, 0.23, 0.12, 0.32, 0.07]$$

$$r_{32} = [0.07, 0.26, 0.19, 0.26, 0.08, 0.12, 0.02]$$

$$r_{33} = [0.07, 0.33, 0.16, 0.19, 0.14, 0.07, 0.04]$$

$$r_{34} = [0.01, 0.01, 0.03, 0.20, 0.25, 0.26, 0.24]$$

因此得出相关产业和支持产业的表现指标 U_3 的隶属度矩阵为：

$$U3 = \begin{bmatrix} 0.01 & 0.12 & 0.13 & 0.23 & 0.12 & 0.32 & 0.07 \\ 0.07 & 0.26 & 0.19 & 0.26 & 0.08 & 0.12 & 0.02 \\ 0.07 & 0.33 & 0.16 & 0.19 & 0.14 & 0.07 & 0.04 \\ 0.01 & 0.01 & 0.03 & 0.20 & 0.25 & 0.26 & 0.24 \end{bmatrix}$$

在一级指标“相关产业和支持产业的表现”下，各二级指标的权重向量为：

$$W_3 = (0.17, 0.17, 0.50, 0.16)$$

通过公式 $U = W \times R$，得出 U_3 的综合评估结果向量为：

$$U_3 = (0.05, 0.23, 0.15, 0.21, 0.14, 0.15, 0.07)$$

“相关产业和支持产业的表现”指标的评估结果如表8－11所示。

表8－11 “相关产业和支持产业的表现”指标的评估结果

评估结果	非常不同意	不同意	比较不同意	一般同意	比较同意	同意	非常同意
隶属度	0.05	0.23	0.15	0.21	0.14	0.15	0.07

根据隶属度最大原则，由表8－11可知，最大数值（0.23）对应的评价等级为“不同意”，因此在“相关产业和支持产业的表现”这一指标上，成都市文旅体产业生态圈的影响程度为“不严重”。

8.2.4 战略/结构/竞争对手指标（U4）

建立评估对象指标集合 $U_4 = [U_{41}, U_{42}, U_{43}, U_{44}, U_{45}]$

建立评估等级集合 $V = [V_1, V_2, V_3, V_4, V_5, V_6, V_7]$

二级指标 U_{41}（园区运营管理方式）、U_{42}（园区运营服务）、U_{43}（园区运营规划）、U_{44}（园区综合竞争力）、U_{45}（文旅体产业替代品）的隶属度如下：

$$r_{41} = [0.01, 0.02, 0.05, 0.24, 0.32, 0.28, 0.07]$$

$$r_{42} = [0.01, 0.03, 0.13, 0.32, 0.26, 0.24, 0.01]$$

$$r_{43} = [0.01, 0.03, 0.03, 0.30, 0.37, 0.23, 0.03]$$

$$r_{44} = [0.01, 0.11, 0.18, 0.28, 0.27, 0.14, 0.01]$$

$$r_{45} = [0.03, 0.12, 0.14, 0.26, 0.21, 0.21, 0.04]$$

因此得出战略/结构/竞争对手指标 U_4 的隶属度矩阵为：

$$U4 = \begin{bmatrix} 0.01 & 0.02 & 0.05 & 0.24 & 0.32 & 0.28 & 0.07 \\ 0.01 & 0.03 & 0.13 & 0.32 & 0.26 & 0.24 & 0.01 \\ 0.01 & 0.03 & 0.03 & 0.30 & 0.37 & 0.23 & 0.03 \\ 0.01 & 0.11 & 0.18 & 0.28 & 0.27 & 0.14 & 0.01 \\ 0.03 & 0.12 & 0.14 & 0.26 & 0.21 & 0.21 & 0.04 \end{bmatrix}$$

在一级指标“战略/结构/竞争对手”下，各二级指标的权重向量为：

$$W_4 = (0.21, 0.24, 0.06, 0.41, 0.08)$$

通过公式 $U = W \times R$,得出 U_4 的综合评估结果向量为:

$$U_4 = (0.01, 0.07, 0.13, 0.28, 0.28, 0.20, 0.03)$$

"战略/结构/竞争对手"指标的评估结果如表 8－12 所示。

表 8－12 "战略/结构/竞争对手"指标的评估结果

评估结果	非常不同意	不同意	比较不同意	一般同意	比较同意	同意	非常同意
隶属度	0.01	0.07	0.13	0.28	0.18	0.20	0.03

根据隶属度最大原则,由表 8－12 可知,最大数值(0.28)对应的评价等级为"一般同意",因此在"战略/结构/竞争对手"这一指标上,成都市文旅体产业生态圈的影响程度为"一般"。

8.2.5 政府行为指标(U5)

建立评估对象指标集合 $U_5 = [U_{51}, U_{52}, U_{53}, U_{54}, U_{55}, U_{56}]$

建立评估等级集合 $V = [V_1, V_2, V_3, V_4, V_5, V_6, V_7]$

二级指标 U_{51}(政府财政拨款)、U_{52}(政府执行情况)、U_{53}(政府政策)、U_{54}(宣传推广)、U_{55}(营商环境)、U_{56}(政府应急管理能力)的隶属度如下:

$$r_{51} = [0.01, 0.03, 0.02, 0.22, 0.31, 0.30, 0.11]$$

$$r_{52} = [0.02, 0.05, 0.03, 0.32, 0.34, 0.22, 0.02]$$

$$r_{53} = [0.02, 0.01, 0.03, 0.26, 0.32, 0.30, 0.06]$$

$$r_{54} = [0.01, 0.04, 0.01, 0.28, 0.25, 0.28, 0.13]$$

$$r_{55} = [0.01, 0.05, 0.06, 0.30, 0.29, 0.25, 0.04]$$

$$r_{56} = [0.01, 0, 0.03, 0.09, 0.24, 0.38, 0.25]$$

因此得出政府行为指标 U_5 的隶属度矩阵为:

$$U5 = \begin{bmatrix} 0.01 & 0.03 & 0.02 & 0.22 & 0.31 & 0.30 & 0.11 \\ 0.02 & 0.05 & 0.03 & 0.32 & 0.34 & 0.22 & 0.02 \\ 0.02 & 0.01 & 0.03 & 0.26 & 0.32 & 0.30 & 0.06 \\ 0.01 & 0.04 & 0.01 & 0.28 & 0.25 & 0.28 & 0.13 \\ 0.01 & 0.05 & 0.06 & 0.30 & 0.29 & 0.25 & 0.04 \\ 0.01 & 0 & 0.03 & 0.09 & 0.24 & 0.38 & 0.25 \end{bmatrix}$$

在一级指标“政府行为”下，各二级指标的权重向量为：

$$W_5 = (0.08, 0.23, 0.27, 0.08, 0.21, 0.13)$$

通过公式 $U = W \times R$，得出 U_5 的综合评估结果向量为：

$$U_5 = (0.02, 0.03, 0.03, 0.26, 0.30, 0.28, 0.08)$$

“政府行为”指标的评估结果如表 8－13 所示。

表 8－13 “政府行为”指标的评估结果

评估结果	非常不同意	不同意	比较不同意	一般同意	比较同意	同意	非常同意
隶属度	0.02	0.03	0.03	0.26	0.30	0.28	0.08

根据隶属度最大原则，由表 8－13 可知，最大数值（0.30）对应的评价等级为“比较同意”，因此在“政府行为”这一指标上，成都市文旅体产业生态圈的影响程度为“比较严重”。

8.2.6 机遇指标（U6）

建立评估对象指标集合 $U_6 = [U_{61}, U_{62}, U_{63}]$

建立评估等级集合 $V = [V_1, V_2, V_3, V_4, V_5, V_6, V_7]$

二级指标 U_{61}（传播机遇）、U_{62}（国际态势）、U_{63}（创新机遇）的隶属度如下：

$$r_{61} = [0.01, 0.01, 0.02, 0.11, 0.27, 0.44, 0.14]$$

$$r_{62} = [0.01, 0, 0, 0.12, 0.22, 0.36, 0.29]$$

$$r_{63} = [0.01, 0.02, 0.01, 0.16, 0.31, 0.36, 0.13]$$

因此得出机遇指标 U_6 的隶属度矩阵为：

$$U6 = \begin{bmatrix} 0.01 & 0.01 & 0.02 & 0.11 & 0.27 & 0.44 & 0.14 \\ 0.01 & 0 & 0 & 0.12 & 0.22 & 0.36 & 0.29 \\ 0.01 & 0.02 & 0.01 & 0.16 & 0.31 & 0.36 & 0.13 \end{bmatrix}$$

在一级指标“机遇”下，各二级指标的权重向量为：

$$W_6 = (0.43, 0.14, 0.43)$$

通过公式 $U = W \times R$，得出 U_6的综合评估结果向量为：

$$U_6 = (0.01, 0.01, 0.01, 0.13, 0.28, 0.40, 0.16)$$

"机遇"指标的评估结果如表 8－14 所示。

表 8－14 "机遇"指标的评估结果

评估结果	非常不同意	不同意	比较不同意	一般同意	比较同意	同意	非常同意
隶属度	0.01	0.01	0.01	0.13	0.28	0.40	0.16

根据隶属度最大原则，由表 8－14 可知，最大数值(0.40)对应的评价等级为"同意"，因此在"机遇"这一指标上，成都市文旅体产业生态圈的影响程度为"严重"。

8.2.7 创新能力指标（U7）

建立评估对象指标集合 $U_7 = [U_{71}, U_{72}, U_{73}, U_{74}, U_{75}]$

建立评估等级集合 $V = [V_1, V_2, V_3, V_4, V_5, V_6, V_7]$

二级指标 U_{71}(产品创新能力)、U_{72}(市场创新能力)、U_{73}(技术创新能力)、U_{74}(产业融合创新能力)、U_{75}(人才创新能力)的隶属度如下：

$$r_{71} = [0.01, 0, 01, 0.03, 0.25, 0.28, 0.34, 0.07]$$

$$r_{72} = [0.01, 0.01, 0.02, 0.25, 0.28, 0.37, 0.06]$$

$$r_{73} = [0.01, 0.01, 0.02, 0.28, 0.31, 0.31, 0.06]$$

$$r_{74} = [0.01, 0.01, 0.03, 0.24, 0.35, 0.31, 0.05]$$

$$r_{75} = [0.02, 0.04, 0.07, 0.27, 0.26, 0.30, 0.04]$$

因此得出创新能力指标 U_7的隶属度矩阵为：

$$U7 = \begin{bmatrix} 0.01 & 0.01 & 0.03 & 0.25 & 0.28 & 0.34 & 0.07 \\ 0.01 & 0.01 & 0.02 & 0.25 & 0.28 & 0.37 & 0.06 \\ 0.01 & 0.01 & 0.03 & 0.24 & 0.35 & 0.31 & 0.06 \\ 0.01 & 0.01 & 0.03 & 0.24 & 0.35 & 0.31 & 0.05 \\ 0.02 & 0.04 & 0.07 & 0.27 & 0.26 & 0.30 & 0.04 \end{bmatrix}$$

在一级指标“创新能力”下，各二级指标的权重向量为：

$$W_7 = (0.26, 0.09, 0.40, 0.08, 0.17)$$

通过公式 $U = W \times R$，得出 U_7 的综合评估结果向量为：

$$U_7 = (0.01, 0.02, 0.03, 0.25, 0.31, 0.32, 0.06)$$

“创新能力”指标的评估结果如表 8－15 所示。

表 8－15 “创新能力”指标的评估结果

评估结果	非常不同意	不同意	比较不同意	一般同意	比较同意	同意	非常同意
隶属度	0.01	0.02	0.03	0.25	0.31	0.32	0.06

根据隶属度最大原则，由表 8－15 可知，最大数值（0.32）对应的评价等级为“同意”，因此在“创新能力”这一指标上，成都市文旅体产业生态圈的影响程度为“严重”。

8.2.8 企业经营指标（U8）

建立评估对象指标集合 $U_8 = [U_{81}, U_{82}, U_{83}, U_{84}]$

建立评估等级集合 $V = [V_1, V_2, V_3, V_4, V_5, V_6, V_7]$

二级指标 U_{81}（财务绩效）、U_{82}（企业规模）、U_{83}（企业创新）、U_{84}（企业发展潜力）的隶属度如下：

$$r_{81} = [0.01, 0.02, 0.03, 0.28, 0.25, 0.29, 0.11]$$

$$r_{82} = [0, 0.06, 0.07, 0.23, 0.28, 0.27, 0.09]$$

$$r_{83} = [0, 0.01, 0.04, 0.33, 0.26, 0.30, 0.06]$$

$$r_{84} = [0.02, 0.09, 0.13, 0.29, 0.19, 0.22, 0.06]$$

因此得出企业经营指标 U_8 的隶属度矩阵为：

$$U8 = \begin{bmatrix} 0.01 & 0.02 & 0.03 & 0.28 & 0.25 & 0.29 & 0.11 \\ 0 & 0.06 & 0.07 & 0.23 & 0.28 & 0.27 & 0.09 \\ 0 & 0.01 & 0.04 & 0.33 & 0.26 & 0.30 & 0.06 \\ 0.02 & 0.09 & 0.13 & 0.29 & 0.19 & 0.22 & 0.06 \end{bmatrix}$$

在一级指标“企业经营”下，各二级指标的权重向量为：

$$W_8=(0.21,0.06,0.20,0.53)$$

通过公式 $U=W\times R$，得出 U_8的综合评估结果向量为：

$$U_8=(0.01,0.06,0.09,0.29,0.23,0.25,0.07)$$

“企业经营”指标的评估结果如表 8－16 所示。

表 8－16 “企业经营”指标的评估结果

评估结果	非常不同意	不同意	比较不同意	一般同意	比较同意	同意	非常同意
隶属度	0.01	0.06	0.09	0.29	0.23	0.25	0.07

根据隶属度最大原则，由表 8－16 可知，最大数值(0.29)对应的评价等级为“一般同意”，因此在“企业经营”这一指标上，成都市文旅体产业生态圈的影响程度为“一般”。

8.3 分析与讨论

从投入—产出的视角来看，在文旅体产业这个系统中，产业生态圈发挥着整合市场主体和生产要素、创造良好的产业生态、营造有利的外部环境氛围，从而帮助生态圈内企业提升经营管理水平，进而实现产业良性发展和持续提升的作用。从这个角度出发，在前述产业生态圈的八个方面指标中，进一步凝练出“吸引投资”“园区运营”“创新能力”和“企业经营”四个关键维度，综合分析不可抗力因素对产业生态圈的影响，并据此提出分区域提振对策建议的基本框架。

8.3.1 对吸引投资的影响

从测度结果来看，不可抗力因素对成都市文旅体产业生态圈吸引投资造成了一定的影响。首先，投资者减少了对成都市文旅体产业的投资额，这对于产业复苏和发展是不利的。因此，如何吸引投资者增加对产业的投资额，就成为产业恢复与发展亟待解决的重大课题。其次,投资者投资的能力削弱,这不利于产业的恢复与发展。因此,政府加强对产业的扶持力度尤为重要。最后,投资者的投资行为由单一投资某一产业向产业融合多元化投资方向发展,在一定程度上延伸了文旅体产业的产业链,推动产业深入合作,有利于推动产业的恢复和发展。

8.3.2 对园区运营的影响

从数据分析结果来看,首先,文旅体产业园区的综合竞争力有所下降。产业园区的综合竞争力下降不仅不利于产业的恢复与发展,而且对相关产业和支持产业造成了一定的冲击。因此,如何抓住机遇,提高工业园区的综合竞争力,是当前急需解决的问题。其次,产业园区为尽快恢复运营水平,运营服务质量得到了提升。产业园区运营质量的提升可以推动产业的恢复与发展。最后,产业园区运营管理方式、运营规划发生了改变,并且替代品对产业生态圈/产业功能区造成了实质性的冲击。如线上旅游等产业替代品对产业生态圈/产业功能区造成了一定的威胁,为了尽快恢复和发展文旅体产业,需要改变产业园区运营管理方式、运营规划。

8.3.3 对创新能力的影响

从数据分析结果来看,成都市文旅体产业生态圈的创新能力有所提升,尤其是在技术创新、产品创新和人才创新方面。在技术创新方面,技术创新水平有较大的提升,这有利于产业智能化的发展;在产品创新方面,推出了更多符合当下实际的新产品,产品创新能力有所提升,这有利于挖掘各产业功能区的文化体育旅游资源,打造属于自己的产品,从而吸引更多的顾客,推动文旅体产业的恢复与发展;在人才创新方面,引进了更多外部人才,使行业内的存量人才得到了提升,有利于推动产业的恢复和发展,进一步提高了产业生态圈的服务质量。

此外,产业生态圈在市场推广方面有新的举措,市场创新能力有所提升。市场创新能力的提升有利于成都市文旅体产业生态圈“走出去”,获得更大的市场,拓宽自己的发展领域。此外,还出现了更多产业融合发展的事例,产业生态圈的产业融合创新能力有所提升。产业融合创新能力的提升,有利于产业生态圈发展新领域,不仅推动自身的发展,而且推动相关产业的发展。

8.3.4 对企业经营的影响

从数据分析结果来看,成都市文旅体产业的发展潜力受到了限制。首先,如何做好政策保障,提升企业发展潜力就成为文旅体产业最重要的事情之一。其次,企业如何增加自己的收益,扩大企业规模成为文旅体企业需要解决的重大课题。最后,成都市文旅体企业的创新能力有所提升。企业创新能力的提升,有利于打造具有自身特色的文旅体产品、培养更多技术性人才、提高企业服务质量等,进一步推动文旅体企业乃至整个产业的恢复与发展。

9 提振策略研究

9.1 产业功能区分类

本书基于对成都市文旅体产业生态圈现状的分析，通过实地走访、网站查询、问卷调查研究了各产业功能区的特点及不可抗力因素对文旅体产业生态圈的影响。本书基于投入—产出的视角，从吸引投资、园区运营、创新能力、企业经营四个维度对15个产业功能区进行对比分析，根据对比情况对产业功能区进行分类，具体如表9－1所示。

表9－1 产业功能区基本情况的对比

产业功能区	吸引投资	园区运营	创新能力	企业经营
成都熊猫国际旅游度假区	度假区涉及成华等三个区域，资源较为分散，投资成本较大，吸引投资能力较弱	度假区以“熊猫＋”“国际＋”“旅游＋”为核心，构建“强核IP”，发展多元化的“大熊猫＋”产业	度假区以产品创新为主，其他方面创新能力有待提高	度假区主要围绕商务人群，大力发展餐饮产业，企业结构相对而言较为单一
李冰文化创意旅游产业功能区	依托丰富的人文资源和良好的娱乐基础，配套产业齐全，有利于吸引更多企业投资，吸引投资能力特别强	产业功能区区域内暂无相关已投入运营具有区域影响力的康养项目，并且配套实施不够完善，园区运营能力有待提高	产业功能区主要依托当地丰富的资源和优越的自然环境发展，创新能力涉及领域较窄，创新能力较弱	产业功能区内重点招商企业和配套实施招商企业较多，但目前还在规划中，企业经营能力需要进一步提高

续表

产业功能区	吸引投资	园区运营	创新能力	企业经营
天府文创城	天府文化创意城以天府新区南面高差30~50米的浅丘区为依托,建设立体园林景观。自然资源较为缺乏,吸引投资能力弱	天府文创城处于建设阶段,园区运营没有一个完整体系,园区运营还处于初级阶段	天府文创城主要发展的是数码文创、文博旅游、时尚艺术、影视传媒、创意设计、田园文创,创新领域涉及范围广	天府文创城尚处于建设阶段,产业功能区企业数量较少
三国创意园	园区内有著名的商业中心,如“红牌”“武侯祠”“锦里”等旅游资源,龙湖、伊藤洋华堂等商业载体,显著的地理位置、深厚的文化基础、发达的商贸,吸引投资能力强	三国创意园主要呈“两核一区多功能布局”发展,正处于发展初级阶段,园区运营需要进一步完善	三国创意园主要分为创意设计、创意策划、创意表演三大板块,创新能力以文化创新为主,创新领域较窄	园区主要以文创文旅、商务商贸为主导产业方向,产业结构较为单一
少城国际文创谷	少城国际文创谷主要发展影视娱乐产业,产业发展较为单一,吸引投资范围小	少城国际文创谷主要以影视IP孵化、影视衍生产品的发展为重点,园区运营系统较为单一	少城国际文创谷以产品创新、市场创新、技术创新等为主,创新涉及范围广,创新能力较强	少城国际文创谷主要发展影视娱乐产业,以影视企业为主,可以线上进行
安仁·中国文博产业功能区	产业功能区以文博旅游、艺术产业为主,类型单一,缺乏新内容和体验互动方式,吸引投资能力较弱	文化演艺产业尚处于初级阶段,规模小,园区运营系统还不够完善	产业功能区以创新为主,建设“数字智慧安仁”,强化土地、人才、金融制度等进行创新,功能区创新能力强	产业功能区旅游配套设施缺乏,基础设施还比较落后,旅游配套企业数量少,影响力不足

续表

产业功能区	吸引投资	园区运营	创新能力	企业经营
成都东郊记忆艺术区	东郊记忆艺术区以“影视音乐、数字娱乐、创意设计”作为特色产业，以“娱乐产业”为主导，类型比较单一，吸引投资能力较弱	以打造“三城三都”“天府成都·文旅成华”为引领的“东郊记忆艺术区”，深入推进园区打造、商圈破局、产业倍增，产业集聚、融合度、引领度不断提升	产业功能区聚焦“东郊文创”品牌塑造，坚持“文创+、园区+”发展思路，以“文创”为主，创新能力涉及领域较广	2020年，产业功能区拥有企业193家，其中文创企业149家，已成功落户各类主导产业企业120余家。企业数量多，规模大，影响力较大
锦江新兴传媒功能区	锦江新兴传媒功能区设定智慧媒体、智慧健康、新媒体试听等10类细分领域，其再细分再聚焦再提升的产业生态正吸引着越来越多的企业。产业功能区吸引投资能力强	锦江新兴传媒功能区配套设施完善，园区规划合理，充分整合功能区资源，园区规模较大，园区运营水平高	以“西部新媒体中心·新传媒高地”为发展目标，以数字传媒、数字设计、数字娱乐三大主导产业为核心区，以技术创新能力为主，需要进一步拓展创新领域	锦江新兴传媒功能区已聚集一批行业龙头企业和有影响力的新兴媒体、直播产业联盟，企业以传媒企业为主，可进行线上交流
成都影视城	成都影视城发展以影视文创、动漫电竞、时尚艺术为主，同时，与文化创意旅游、教育咨询相结合，打造“3+2”的区域经济发展系统，产业体系比较完整，吸引投资能力较强	成都影视城发展核心区位于产业功能区西北部，2020年投资约20.5亿元，拟启动建设项目4个、生活及公共服务配套设施项目6个，处于建设阶段，园区运营体系不够完善	成都影视城以创新驱动产业发展，积极建设研发中心、功能性平台和创新创业载体，在产业、功能、服务、形态、景观和交通6大方面对科创空间建设提出要求，创新能力涉及范围广，创新能力特别强	成都影视城尚处于起步阶段，配套企业数量较少

续表

产业功能区	吸引投资	园区运营	创新能力	企业经营
天府奥体公园	天府奥体公园以体育、文化旅游及新经济为主导产业方向，除了赛事之外，商业、会展、民生、文化等元素在这里一览无余，产业涉及领域广，吸引不同领域的产业、企业投资，吸引投资能力强	在政府的合理统筹下，天府奥体公园的总体规划和设计得以实现，现在正处于初级建设阶段，园区运营系统正处于完善阶段	天府奥体公园以自然山水、生态为基础，举办重要的国际性活动。目前创新能力较弱，有待提升	天府奥体公园以其独特的山水、生态资源为依托，满足生态公园城市的需求，围绕体育竞赛、体育文化、体育旅游、体育贸易、体育康养五大领域开展业务，产业涉及范围广，企业数量多
西岭雪山运动康养产业功能区	西岭雪山运动康养产业功能区以冰山运动为主，加上康养旅游，主要涉及文化、体育旅游等产业，可吸引多元化企业投资，吸引投资能力较强	西岭雪山运动康养产业功能区内文化旅游资源丰富，设施完善，园区运营规划合理，规模大，服务质量好，收益可观	西岭雪山运动康养产业功能区主要依托当地的文化旅游资源发展，创新能力还有待提升	西岭雪山运动康养产业功能区内生态环境优良，文化旅游资源丰富，依托国家风景名胜区西岭雪山发展冰山运动等体育活动，涉及文化旅游体育等产业，产业范围较广
天府水城	天府水城主要以“铁人三项”“龙舟赛”等赛事的品牌效应为基础，建设“全民体育”“旅游度假”示范区。发展领域涉及范围较小，吸引企业投资能力不强	2020年，天府水城围绕基础设施、公共服务配套、生态环境、人才安居和主导产业实施重大项目76个，完成投资55.41亿元，中医院二期等15个重大项目基本建成，园区建设处于初级阶段	天府水城主要依托铁人三项、龙舟赛等赛事品牌影响力，打造全民体育赛事示范区、旅游运动度假示范区，不是以创新为主，创新能力较弱	天府水城以旅游康养、体育赛事、商贸物流为主导产业方向，产业领域涉及范围广，企业不仅数量多，而且多元化程度高

续表

产业功能区	吸引投资	园区运营	创新能力	企业经营
三郎国际旅游度假区	三郎国际旅游度假区主要依托当地的文化旅游资源以及产业功能区的山林、田野、湿地开展康养运动,产业类型较少,吸引投资能力不强	三郎国际旅游度假区项目占地面积达30000多亩,总投资106亿元,主要包括旅游和旅游设施,其中旅游及旅游配套项目投资约72亿元,园区运营处于发展阶段	三郎国际旅游度假区主要依托当地的文化资源进行创新,不仅对产品进行创新,还对市场、市场融合等方面进行创新,创新领域涉及范围广	三郎国际旅游度假区以旅游运动、文化创新为主导产业方向,涉及文化、旅游体育等产业,涉及领域广,园区内企业数量多,多元化程度高,结构复杂
龙门山湔江河谷生态旅游区	龙门山湔江河谷生态旅游区主要依托当地的文化旅游发展,建设国际山地旅游和休闲度假胜地。产业功能区分为生态旅游和文化旅游两部分,吸引了不少企业投资	龙门山湔江河谷生态旅游区内基础配套设施完善,并且细分产业领域,园区运营规划合理,收益多元化,园区运营规模大	龙门山湔江河谷生态旅游区主要依托当地的文化旅游资源及独特的地貌发展。创新能力不是该产业功能区的优势	龙门山湔江河谷生态旅游区以文化旅游、生态旅游为主导产业方向。产业发展领域主要涉及文化旅游,产业类型较为单一
新津梨花溪文化旅游区	新津梨花溪文化旅游区主要依托当地的文化旅游资源发展,产业发展涉及范围较小	新津梨花溪文化旅游区公共服务设施和基础配套设施完善,并且细化产业领域,园区产业生态链以产业研发、产业打造、产业服务为主。园区运营规划合理,服务水平较高,收益多元化,规模较大	新津梨花溪文化旅游区依托当地的文化旅游资源发展。创新能力不是产业功能区的主导方向	新津梨花溪文化旅游区以文化创意和山水运动为主,功能区发展以文化、旅游、体育产业为主

从上述产业功能区的对比可以发现,不同的产业功能区具有不同的禀赋和优势。将产业功能区的优势纳入前述分析维度,可以将产业功能区大致划分为吸引投资型、园区运营型、创新能力型、企业经营型四类,分类情况及各类型的特点具体如表9-2所示。

表9-2 产业功能区分类

类别	特点	产业功能区
吸引投资型	产业功能区内资源丰富,产业领域不仅多元化,而且精细化,产业类型丰富,吸引企业投资能力强	李冰文化创意旅游产业功能区、龙门山湔江河谷生态旅游区、三国创意园
园区运营型	产业功能区内配套设施完善,园区运营规划合理,园区规模大,收益多元化	新津梨花溪文化旅游区、成都东郊记忆艺术区、成都熊猫国际旅游度假区、西岭雪山运动康养产业功能区
创新能力型	产业功能区以"创意设计""文化创意""数字创新"等发展为主,不仅对产品进行创新,而且对产业融合、市场进行创新,创新涉及领域范围广	少城国际文创谷、安仁·中国文博产业功能区、天府文化创意城、成都影视城、锦江新兴传媒功能区
企业经营型	产业功能区内企业涉及领域广,不仅数量多,而且多元化,收益高,产业功能区内企业经营结构复杂	天府奥体公园、天府水城、三郎国际旅游度假区

9.2 分区域提振策略建议

根据前述各类产业功能区的不同特点,本书从政府政策、园区行动、企业行为、支持与保障体系四个维度对四种不同类型的产业功能区提出有所侧重的提振策略。

9.2.1 吸引投资型产业功能区

9.2.1.1 帮扶中小微文旅体企业,增强企业投资能力

文旅体产业由于自身的特征,相对于资本注入多、融资渠道广、业务领域多、

人力资源优、发展实力强的大型企业来说,中小微企业在资金来源、经营模式、业务范围和人才团队等方面普遍存在不充实、不成熟、不全面、不稳定、抗风险能力不足的情况。对此,政府应积极做好公共服务、金融、人力资源等方面的援助,例如,为中小企业提供“绿色通道”,提供低利率的贷款,增强企业的投融资能力;更要引导其进行灵活的转变,推动其及时发展线上业务,并在线上提供经营平台。

9.2.1.2 合理规划特色文旅体路线，增强产业功能区的融资能力

这一类型的产业功能区具有丰富的文化、旅游和体育资源,因此,可以根据不同的季节,将同一地区或相邻地区的景区、景点作为一条线路,将不同的线路串联起来,形成一条具有鲜明特色的旅游线路。还可以以资源为主要色调,进行不同主题的设计。不同主题的景区可以吸引更多不同类型的企业进行投资,提升产业功能区的融资能力。

9.2.1.3 充分挖掘文旅体资源的文化底蕴，吸引企业入驻

在文旅体产业,能否充分挖掘产业的文化底蕴、充分体现资源的文化内涵,决定着一个区域的差异性和吸引企业的能力。挖掘产业功能区的文化内涵,需要做好三方面的工作:第一,要挖掘文旅体资源本身具有的但是没有被挖掘出来的内涵;第二,要对已发掘的文化内涵进行进一步规范和提高;第三,要发掘与时代发展相适应的新的文化意蕴。

产业功能区在开发旅游资源的过程中,要灵活地利用各种形式,把旅游资源的文化特性和市场需要有机地结合起来,全方位、多角度地展示旅游资源的文化内涵,以迎合大众的口味,吸引更多的旅游者驻足,给产业功能区带来更大的收益,从而引进更多优秀的文旅体企业入驻,增强产业功能区吸引投资的能力,推动文旅体产业的恢复与发展,促进产业合理化。

9.2.1.4 加大资金扶持力度，提供资本支持与保障体系

按照四川省文化和旅游厅发布的《川旅十条》的规定,“十条”在全省范围内实施了。成都市应统筹财政、宣传、行业管理等部门,出台促进文旅体产业生

态圈发展的各项举措。举措要从企业减免租金、补贴电费、金融支持、税收优惠、就业稳岗等多方面入手，为企业纾难解困、雪中送炭，统筹推进经济社会发展各项工作，为产业生态圈提供资金支持与保障。

本书通过从政府政策、园区行动、企业行为、支持与保障体系等方面对吸引投资型产业功能区进行提振策略分析，提出各产业功能区的策略重点，具体如表 9－3 所示。

表 9－3 吸引投资型产业功能区策略总结

产业功能区 \ 策略	政府政策	园区行动	企业行为	支持与保障体系
李冰文化创意旅游产业功能区	加强对产业的资金扶持力度，完善投资者保障，降低投资政策风险；并根据区域资源特色，搭建企业融资平台，引进知名旅游投资集团	聚力发展主题游乐、主题文化旅游、康养度假、医疗健康等康养旅游产业，从而吸引更多的企业进入，提高园区的综合竞争力	挖掘本地文化，将本地文化与市场需求全方位结合起来，引进符合园区文化旅游特色的企业入驻	加强人才服务保障，创新资本环境，积极建设多元化投融资服务体系，提供资本支持
三国创意园	加大资金支持力度，进一步优化税收优惠政策，降低贷款利率、加大租金补贴力度、实施奖励政策，增强中小企业投资能力	园区旅游资源丰富，区位优势明显，商贸发达，聚力发展文创、商务贸易等产业，吸引更多相关产业入驻	发展以三国蜀汉文化为底色的文博旅游、创意设计，以及特色商务，引进符合园区特色的企业入驻	积极开展综合金融服务招引投资商，并对建成项目实施奖励政策，进而为入驻企业提供资本支持
龙门山湔江河谷生态旅游区	加大资金支持政策，对符合产业功能区发展标准的企业给予奖励；并鼓励企业加大投资，对入园企业进行扶持，吸引更多企业入驻	重点发展文化旅游和生态旅游、体育旅游和健康旅游，吸引更多优质企业入驻，增强综合竞争力	挖掘资源文化内涵，并与市场需求相结合，引进符合园区特色的企业入驻	加大对基础设施建设项目和公共服务配套项目的资金支持，为园区设施建设提供资本保障，进而吸引更多投资商

9.2.2 园区运营型产业功能区

9.2.2.1 加强配套设施建设，凸显人性化服务

对于园区运营型产业功能区来说，政府要根据功能区总体规划，根据行业功能和行业群体的个性化需要，精确测算功能区未来人口、专业化生产设施和基础设施、个性化生活服务和公共服务需求类型等规模和布局，合理确定能源、交通、物流等生产配套设施和教育、医疗、休闲等生活配套设施的布局和建设。

9.2.2.2 抓牢新机遇，增强产业园区竞争力

产业功能区应该抓住成渝双城经济圈建设、成德眉资一体化发展等重要的战略机会，根据园区特色主题增设景区的配套设施、场景；依托新消费新场景、完备的产业链条，以及良好的营商环境，进一步吸引消费者，推动产业生态圈的恢复与发展。

9.2.2.3 抓好人才队伍建设，进一步提升运营服务水平

产业功能区内的攀岩、滑雪、赛车、漂流、徒步、露营等活动，都有一定的安全风险。为了避免风险，必须要让参与者具备相关的常识、安全措施和专门技能，并且在力所能及的范围内解决突发事件。但在实际情况下，并非所有人都有这样的知识和技能，所以必须要有专门的服务人员，对旅游者进行一些专业的训练和引导，这样才能将风险降至最低，才能更好地享受运动带来的乐趣，康体健身。因此，必须提高服务人员的素质，提高服务人员的技术水平。而目前成都地区的体育旅游专业人才储备并不能满足体育旅游发展的要求，各市场主体的工作人员，大多未接受过这方面的专业培训，领域知识匮乏，因此人才培养是必须的，要加强校企合作，结合实际需求培养体育旅游方面的专业人才。

9.2.2.4 整合产业资源，提供资源支持与保障体系

各功能区之间的文化、旅游、体育产业资源存在一定的差异性。例如，成都东郊记忆艺术区等产业功能区文化、旅游资源丰富，西岭雪山运动康养运动产业功能区等产业功能区体育赛事众多。因此要促进各功能区的深度合作，就要加强各功能区之间的赛事和文化旅游资源的整合，以及政府间、企业间、政府与企业之间的相互交流与合作，以赛事促进产业功能区的文化旅游产业发展，以文化旅游资源进一步带动产业功能区体育赛事、休闲体育等产业的快速发展。此外，为了进一步整合产业功能区的文化、体育、旅游资源，可以从文化、旅游资源共享，优势互补，交流体育赛事经验，培养综合型人才，传统文化，赛事资源，旅游资源等多个方面进行，为产业功能区提供资源支持与保障体系。

园区运营型产业功能区的策略重点具体如表9－4所示。

表9－4 园区运营型产业功能区策略总结

策略 产业功能区	政府政策	园区行动	企业行为	支持与保障体系
新津梨花溪文化旅游区	园区以文化旅游和山水运动产业为主，并计划构建“交通出行、空间形态、景观绿化、服务配套”的科创空间。因此，需加大对交通等生产配套设施及教育等配套设施的资金支持，进一步优化园区营商环境	牢抓成渝经济圈等带来的机遇，并结合园区总体规划，完善交通路线，加强旅游景区的蓄水池建设，加强生态修复，进一步优化营商环境，吸引更多消费者，推动产业恢复与发展	园区水上运动资源较为丰富，可以设置水上运动学校，加强校企合作，培育专业的体育旅游人才，提升园区运营服务质量	园区文化旅游资源丰富，应大力发展山水运动，加强与其他产业功能区的交流与合作，实现资源共享，促进资源整合，丰富园区内的文化内涵

续表

策略 产业功能区	政府政策	园区行动	企业行为	支持与保障体系
成都东郊记忆艺术区	以“东郊文创”“园区＋”为核心，以影视、音乐、数字娱乐、创意设计为龙头，加大交通、商务贸易等生产配套设施建设，加大对休闲娱乐配套设施的支持力度，优化园区环境	通过全球贸易释放的新机遇，丰富园区场景设施，以新的消费场景和完整的产业链条为依托，吸引更多国外国内消费者	加强校企合作，培养专业的文化旅游创意型人才，并加大娱乐基础设施投资，优化园区环境，提升园区服务质量	园区加强与创意设计、娱乐相关企业的交流与合作，丰富园区资源
成都熊猫国际旅游度假区	以文旅商融合为方向，发展都市精品环游，通过商务旅游、会展旅游等方式，吸引高端商务消费群体，促进综合性商务的发展。应加大对商务贸易等生产配套设施的扶持力度，建设特色商业综合体，吸引更多商旅人群就地消费	抓住成渝双城经济圈发展等带来的新机遇，丰富园区内的设施，引入大型旅游产业，打造新的熊猫主题消费场景，打造独特的大熊猫旅游品牌，不断拓展市场，吸引更多消费者消费	加强与其他产业合作，丰富园区的文化资源及场景，推动复合型商业的发展，还要加强对工作人员的专业培训	文旅商资源丰富，发展以“熊猫”为主题的商务休闲旅游，并进一步强化与商务楼宇、酒店等资源的整合，通过商务旅游、会展旅游等方式，吸引高端商务消费群体，促进复合式商业发展，为园区发展提供资源支持与保障

续表

策略 产业功能区	政府政策	园区行动	企业行为	支持与保障体系
西岭雪山运动康养产业功能区	探索“运动+”“康养+”“度假+”等新型消费体验场景，加大对体育配套设施的支持力度，完善园区运动配套设施，引进更多赛事，坚持文旅体协同发展，增强园区综合竞争力	以康养运动与度假为主，牢抓各种机遇，增设康养运动、滑雪运动与度假的配套设施，丰富园区场景，吸引更多消费人群	以滑雪、康养运动为主，升级相关运动基础设施，加强与学校的合作，培养专业的体育服务人员，提升园区服务质量	体育赛事众多，要加强与其他地区的交流和合作，形成资源的补充，丰富体育赛事的文化内涵，为园区发展提供支持与保障

9.2.3 创新能力型产业功能区

9.2.3.1 牢抓“5G”机遇，打造智慧的产业生态圈

2019年6月，中国正式迈入“5G”时代。“5G”支持的应用领域将从移动互联网扩展到移动物联网，构建高速、移动、安全、泛在的新型信息基础设施。而“5G”的出现，也将加快工业和社会的数字化进程。因此，应牢抓“5G”机遇，以技术推动创新，基于“5G”“智游天府”“人工智能新技术”，围绕“文旅体+科技”融合，加快推动产业数字化转型，创造多样化、个性化、智能化的文旅体产品，改善文旅体产业生态圈的供给结构。

还应深入推进“5G”、人工智能等新技术在产业中的创新应用，推进“智游天府”文旅体产业融合平台的建设，以信息化、智能化为抓手全方位整合文旅体要素，实现“文化+旅游+体育+科技”跨界深度融合，全力打造全业态、全方位、全链条、全要素的文旅体产业生态圈，为产业发展插上“智慧翅膀”，为文化强市、旅游强市和体育强市建设点燃“科技引擎”。

9.2.3.2　以产品创新为核心，延伸创新生态链

少城国际文创谷、锦江新兴传媒功能区等创新能力型产业功能区立足资源禀赋和主导产业，将园区内独有的文旅体元素深度融入产品的设计与创新中，增强产品的核心竞争力。此外，各产业功能区要积极探索项目资金对接的模式，促进高质量文化创意项目和金融资本的交流和融通；围绕“可读、可感知、可欣赏、可参与、可消费”的参与体验，打造一批具有浓郁特色的街区、文博、绿道、民宿、书店、音乐等体验场景，以其承载人文关怀和审美的体验魅力，催生新消费，吸引新游客，打造文旅体特色点位和示范点位，催生一批网红打卡地和户外消费新热点。

9.2.3.3　运用新技术与新手段，做好精准营销

加大营销力度，进行营销创新。拓宽宣传渠道，积极开展线上与线下相结合的媒体宣传，着重推出线上教育、阅读、文娱、预订、体验、评价等线上宣传和营销手段，推动文旅体市场的融合发展。

在营销手段方面，要借助大数据、“5G”网络、人工智能、云平台、区块链等技术，以达到精准营销的目的。要加强对旅游行业的细分和不同需求的发掘，鼓励发展专业的旅游企业，并努力构建政府主导、企业主导、线上线下融合、游客参与互动的旅游推广模式；充分发挥 OTA、飞猪、美团、携程、途牛、驴妈妈等 B2C 平台的广告推广作用。利用全员营销机制，鼓励员工利用微信、微博等个人社交平台，集中时间，调动私人流量，形成全员、全时空营销的工作模式。

9.2.3.4　搭建交流平台，为创新提供平台支持与保障体系

近年来，成都市文旅体产业生态圈在创新实践中取得了一定的成效，但成效只出现在个别的产业功能区或者文旅体企业之间。为使产业功能区、企业之间的创新交流与合作更加深入，建立一个交流平台就变得非常重要。搭建一个工业生态圈的交流平台，是促进各行业的创新交流与经验的载体，如天府文创城、少城国际文创谷等创新能力强的产业功能区，可以通过一个综合性的交流

平台进行文创产品创新交流、技术创新交流、人才创新交流、产业融合创新交流等，促进整个产业生态圈创新能力的提升，以及推动产业生态圈的恢复与发展。此外，还可以通过定期举办创新会议、开展创新交流活动、创建线上创新交流平台等多种方式促进产业功能区创新能力的提升。

创新能力型产业功能区的策略重点具体如表 9－5 所示。

表 9－5 创新能力型产业功能区策略总结

策略 产业功能区	政府政策	园区行动	企业行为	支持与保障体系
少城国际文创谷	牢抓“5G”机遇，加强园区数字化建设，深入推进5G、人工智能等新技术在文创产业中的创新应用	基于资源创新文创产品，建设以“2＋2”的文博艺术、影视娱乐为主，音乐表演和文博观光为辅的工业系统	利用大数据、“5G”、人工智能，云平台、区块链等技术手段，进行网络推广和精准营销	建立交流平台，特别是在技术研发、产品开发、市场开发、信息共享等领域的交流与合作，整合园区资源，为创新提供支撑
安仁·中国文博产业功能区	牢抓“5G”机遇，加强数字化建设，深度嵌入人工智能技术，强化文博核心 IP，探寻“博物馆陈列＋文化体验＋消费场景”的新的消费方式	挖掘古镇特色，将独有的文旅元素融入产品设计与创新，增强产品核心竞争力，创新项目资本对接方式，推动优质文创项目与金融资本交流融通	以“文化＋旅游＋城镇化”创新发展模式为根本，运用线上线下结合的方式开展具有创新性的宣传推广	积极搭建交流平台进行产品创新交流、技术创新交流、人才创新交流、产业融合创新交流等，聚集不同的创新资源，为园区发展提供新的活力

续表

策略 产业功能区	政府政策	园区行动	企业行为	支持与保障体系
天府文创城	将“5G”、人工智能等技术应用到产品研发、市场开拓、数字化建设中，以信息化、智能化为抓手整合资源，实现“文创＋旅游＋科技”跨界合作；并根据园区实际做好公共服务配套	围绕创意设计、数字影视、文博旅游开展相关的数字化产品及文博旅游产品创新；紧抓“可阅读、可感知、可欣赏、可参与、可消费”强体验，创新园区场景，催生新的消费	企业可以充分利用大数据资源，将其与公司的内部营销手段相结合，根据不同顾客的需求，强化细分市场，基于细分情况实行精准营销，提升营销效率	拓宽营销渠道，实行精准营销，创新线上线下结合的媒体宣传，突出线上教育、阅读、文娱、预订、体验、评价等宣传和营销手段
成都影视城	牢抓“5G”机遇，布局基础设施，将5G技术充分运用到影视作品中，加大数字化建设力度，实现“文化＋旅游＋娱乐＋科技”深度融合	围绕文创产业、影视娱乐设计创新文创产品、影视娱乐产品；完善配套产业，优化营商环境，打造“区块链＋知识产权”“区块链＋数字文创”等场景	将信息技术充分应用在产品设计与市场营销当中，通过“线上推广＋线下体验”式销售，实现精准营销，提升营销效率	发挥高校优势，加强校企合作，定期举办创新会议，开展创新交流活动，培养创新型人才，推动学生作品变产品，提升园区创新能力
锦江新兴传媒功能区	将“5G”、人工智能技术应用到数字娱乐、数字设计、数字传媒产业中，实现“文化＋旅游＋传媒＋科技”深度融合	围绕数字传媒、数字设计、数字娱乐三大主导产业设计创新数字化产品、娱乐产品；整合传媒资源，做实产业生态链	鼓励各大公司建立专业化的数字营销组织，积极探索线上线下融合、游客参与互动的营销模式，开展全方位宣传推广	加强校企合作，开展创新交流活动，创建线上创新交流平台，共建直播人才培养实践基地，联合开展电商人才培养

9.2.4 企业经营型产业功能区

9.2.4.1 鼓励企业联合经营，提高抗风险能力

联合经营是指企业在同一地区相互协作，聚集力量，共同渡过难关，共同发展。在文化、旅游、体育行业，通过联合经营，实现人力资源的互补、营销资源的互助、信息资源的共享，从而联合抱团拓展业务，在合作共享中和谐共赢，不断向规模化、创新化、规范化的方向发展。

当前成都市文旅体产业以中小企业居多，其抗风险能力相对薄弱，成都要鼓励中小型企业结成联盟，共同发展。通过这种方式，可以降低各行业的运营压力，增强其抵御风险的能力，进而增强整个产业的抗风险能力。

9.2.4.2 加强产业融合，延伸产业链

从整个产业生态圈来看，成都市要延长产业链，实现全产业链的发展，进而形成产业集群。在这个进程中，成都市要特别关注中间需求和衍生需求。如西岭雪山运动康养产业功能区发展冰雪运动，打造南国冰雪旅游度假目的地，其中滑雪使用的工具和索道刺激了中间需求的市场，也加强了与其他产业的合作；天府奥体公园等体育旅游产业功能区的衍生产业具有自己的特色，如休闲食品、休闲服装、各种休闲娱乐工具等，这也加强了文旅体产业与食品产业、服装产业等的融合。

延伸文旅体产业链，成都还需要从横向和纵向两个方向发力。跨部门合作，必须突破地域界线，整合文化、旅游、体育资源，形成跨行业的整体规划、开发、营销的协同体系；而在文化、旅游、体育产业链的纵深发展中，应着重于文化、旅游、体育产业的上下游企业的发展，其中包括公共设施、基础设施建设，文化旅游纪念品、体育旅游产品的研发。成都要在横向协同、纵向深入的基础上，做好文旅体产业的总体发展规划，优化产业结构，促进产业集聚，以文旅体产业为核心，带动交通、餐饮、信息、住宿等相关产业的联动发展。

9.2.4.3 调整企业经营模式，增强抗风险能力

在文化、旅游、体育产业中，成都要重视对企业资产的合理分配，解决主业单一、单一经营的问题。从企业的生产角度来说，要顺应市场的需求，适时地调整经营观念、产业结构，将传统的线下产品向线上转移，在产品设计中更加注重与实际需要相关的部分，以求尽快、尽早、尽可能多地推出符合要求的文旅体产品，以此恢复市场的热度，对冲不可抗力因素造成的负面影响，拓展和培育新的市场。企业应该响应政府决策，调整经营模式，积极开拓新业务、新市场，实现创新化、规模化发展，增强自身经营能力和信心，提升抗风险能力。

9.2.4.4 培养文化、体育、旅游复合型高素质人才，提供人力资源支持

从产业发展的现状来看，成都文化、体育、旅游等领域的高层次复合型人才仍然是一个巨大的空白。文化、旅游、体育产业的有效整合，需要高素质的文化、旅游、体育专业人才。首先，必须为培训机构提供较为完善的培训计划，使其具备相应的专业知识和技能；其次，要加强跨学科的交流和协作，以多元化的方式培育“一专多能”的综合型文旅体人才；最后，要加强在职培训，从而提升从业人员素质，改善其知识结构。

企业经营型产业功能区的策略重点如表9－6所示。

表9－6 企业经营型产业功能区策略总结

策略 产业功能区	政府政策	园区行动	企业行为	支持与保障体系
天府奥体公园	园区以山水公园、国际交往门户、赛事庆典舞台为建设目标，应加强与国外文旅体企业的合作，拓展园区的业务规模，提高抗风险能力	从纵向和横向延伸产业链，加强与兄弟园区的合作与交流，促进资源整合，进一步完善各种服务设施，满足公共服务需求	积极调整经营模式，提升产品质量，通过这一举措，使市场重新活跃起来，对冲不可抗力因素的负面效应，开拓新的市场	加强与校方的合作和交流，培养专业型人才；打造高质量体育娱乐科创园区，吸纳国际知识精英，提供人力资源保障

续表

产业功能区＼策略	政府政策	园区行动	企业行为	支持与保障体系
天府水城	依托区域产业发展带,加强与其他产业的联合经营,推动建设人城产融合新示范区,拓展市场,提升抗风险能力	依托沱江山水发展轴,推动生活场景、消费场景、创新场景融合叠加,还应继续加强基础设施、公共配套设施的建设	转换经营模式,积极开拓新业务、新市场,实现创新化、规模化发展	整合多方面力量,建立人才培养体系,加强与高校的交流与合作,培养综合型人才,为园区发展提供人力资源保障
三郎国际旅游度假区	主要依托旅游资源,以改革、创新为手段,加强与其他产业的联合经营,开拓新的市场,扩大园区规模	加强与文化、体育企业的合作,从总体规划、控制性详细规划、规划设计导则、配套基础设施规划等方面进行了优化	按照“组团式布局、度假型旅游、复合型业态”思路,积极调整经营模式,积极探索联合经营的新模式	以康养旅游为突破口,对现有人员进行培养提升,为园区发展提供人力资源保障

9.3 实施要点

为了保证上述提振策略的实施,提出如下实施要点。

9.3.1 发挥政府主导作用,推动产业生态圈的恢复与发展

为了推动成都市文旅体产业生态圈的恢复与发展,首先,政府应制定并实施中小微企业帮扶计划,加强对产业的补贴,加大各种产业基金等支持力度,进而为推动产业生态圈的融合与发展提供资金支持。其次,应该牢抓5G机遇,将人工智能、“5G”等技术融入产业的发展中,实现产业的数字化转型和供给结构的优化。在这一过程中,应该积极地推动产业创新,将各种信息

化技术融入其中,促进智慧文旅体的发展,构建全方位、全业态、全链条的文化、旅游、体育产业生态体系。最后,政府要发挥积极的主导作用,推出文旅体消费的各项惠民政策,如文旅体消费券,针对医护人员、文旅体产业人员、教职人员等推出相应的免费及优惠活动,采用消费券、红包雨的方式,积极鼓励人们的文旅体市场消费,为文旅体产业生态圈的消费市场注入新的活力。

9.3.2 调整园区运营模式,增强产业生态圈综合竞争力

为了推动成都市产业生态圈的恢复与发展,园区必须在运营上多下功夫。园区应以产品创新为核心,对产品进行创新,打造各个产业功能区独具特色的文旅体产品。如在特色文旅体线路的规划上,将同一地区或相邻地区的景区、景点作为线路的标点,形成一条具有特色的旅游线路,设计不同的主题,通过具有差异化的产品凸显竞争优势;要进一步提升配套设施水平,完善旅游接待、购物、娱乐、医疗救护等文化、旅游、体育设施,优化产业生态系统的环境。此外,还应加强文旅体产业与其他产业的融合,通过横向协作和纵向深化来延伸产业链,从而优化产业结构,拓宽产业市场,以文化、旅游、体育为核心,带动交通、餐饮、信息、住宿等相关行业的发展。

9.3.3 充分挖掘资源,增强企业吸引投资能力

为了推动成都市产业生态圈的恢复与发展,应该充分挖掘文化、旅游、体育资源的文化内涵,灵活运用各种形式,把文化资源的文化特性和市场需要相结合,全方位、多角度地展示其文化内涵,满足群众的兴趣,同时还可以开发冰雪文化、民俗文化、体育文化等特色旅游,开发生产具有产业生态圈历史文化内涵和独具特色的旅游商品和纪念品,进一步增强产业功能区吸引投资能力,吸引更多文旅体企业及相关企业入驻。

9.3.4 完善支持与保障体系，增强抗风险能力

对于任何产业来说，资金的投入都是其发展的必要保证，基于此，成都市文旅体产业生态圈要进一步建立健全投融资体制，继续保持全方位开放。鼓励外商以多种形式参与产业竞争，鼓励实力雄厚的外资企业落户成都市文旅体产业生态圈，进一步为产业生态圈的融合与发展提供资本支持与保障体系，缓解融资难的问题。要进一步打通不同部门之间的政策藩篱，为整合、保护和推广文化、体育、旅游产业资源创造良好的政策环境。要加大人才培养力度，引导和支持院校培养文化、体育、旅游融合型的实用型、复合型人才，同时，要进一步完善职业教育体系岗位培训制度，提高岗位培训质量，建立健全文化、旅游、体育从业人员的培训制度，提升整体的专业素养。在科技高速发展的今天，要充分发挥高科技的作用，实现从设计研发到营销推广的全面提升，并通过各种途径，打造产业生态圈交流平台，为产业功能区创新提供平台支持与保障体系，促进产业生态圈创新能力的提升。

10 研究结论及未来展望

10.1 基本结论

本书以成都市文旅体产业生态圈的影响测度及提振策略为核心议题，通过将层次分析法与模糊综合评价法相结合，运用“新钻石模型”分析测度不可抗力因素对成都市文旅体产业生态圈的影响，并在此基础上对成都市文化、旅游、体育和文化旅游产业的发展进行了研究。本书基于投入—产出的视角，运用模糊综合评价方法，分析产业生态圈各功能区在吸引投资、园区运营、创新能力、企业经营等方面受影响的程度，根据产业功能区的不同特点，对各产业功能区进行分类分析，再针对分类分析的结果提出分区域提振策略。通过前述研究，得到以下基本结论：

第一，文旅体产业生态圈的融合具有复杂性。

本书基于“钻石模型”理论，根据成都市文旅体产业生态圈的特点形成“新钻石模型”理论，接着从“生产要素”“需求条件”“相关产业和支持产业的表现”“战略/结构/竞争对手”“政府行为”“机遇”“创新能力”“企业经营”八个维度探讨不可抗力因素对文旅体产业生态圈的影响。经过调研以及数据分析发现，在不同的维度上，影响方式与程度存在差别。其中，在“需求条件”“政府行为”“机遇”等维度上，产生了明显的负面影响，但是，在“战略/结构/竞争对手”“相关产业和支持产业的表现”“生产要素”等维度上，并未产生较大的负面影响。这证明成都市文旅体产业的基本面并未受到破坏。在“创新能力”维度上影响明显,但笔者的走访显示,这种影响来自企业迸发出的更为强大的创新潜力,这种外部环境刺激企业创新,在一定程度上丰富和佐证了企业与外部环境之间共同演化的有关理论。此外,本书还显示,在“企业经营”这一维度上,影响并不明显,这是因为我们在设计指标体系的时候,将企业内部的经营行为和外部环境的影响做了严格区分,这一结果提示,相当数量企业似乎没有进行力度足够的内部调整,而是通过行为上的改变来适应变化,这在某种程度上也可以解释企业何以出现绩效的分化。

第二,各产业功能区在异质性的基础上亦有共性可循。

本书通过实地走访、网站查询、问卷调研等方式,了解各产业功能区的特点及受到的影响,并基于投入—产出的视角,选择了吸引投资、园区运营、创新能力、企业经营四个方面对产业生态圈中的15个产业功能区进行梳理,结果显示,根据产业功能区的不同特点,可以根据前述四个方面,将这15个产业功能区划分成不同的主导类型,即“吸引投资型”“园区运营型”“创新能力型”和“企业经营型”。对成都文旅体产业生态圈的这一分析框架及划分方式,在既有的研究中未见,具有一定的新意。更为重要的是,这一结果提示我们,这些产业功能区虽然在总体上存在着异质性,但在某些内在特性上仍存在着一定的共性。这为我们理解产业生态圈的现状,以及制定分区域提振策略,提供了逻辑上的线索。

第三,“分类施策”是一个可行的办法。

本书提出了成都市文旅体产业生态圈的融合与发展的分区域提振策略建议和实施要点。其中,分区域提振策略主要从不同类型的产业功能区着手提出。如针对吸引投资型产业功能区,提出政府应帮扶中小微企业,增强企业投资能力,合理规划特色路线,提升产业园区的规划水平,充分挖掘文化旅游体育资源的文化底蕴,吸引更多企业入驻,强化资金扶持力度,提供资本支持与保障体系;针对园区运营型产业功能区,提出应该细化产业扶持计划,培养专业的文化体育旅游人才,整合文化、体育、旅游产业资源,提供资源支持与保障体系促进产业功能区的恢复与发展;针对创新能力型产业功能区,提出应该牢抓“5G”机遇,打造智慧型的产业生态圈,以产品创新为核心打造独具特色的文旅体产品,利用新技术实现精准营销,打造产业生态圈交流平台,为产业功能区创新提供平台支持与保障体系;针对企业经营型产业功能区,提出应该鼓励企业联合经营,延伸产业链,尽快调整企业经营模式,提高企业抗风险能力,提供人力资源支持与保障体系。在此基础上,本书从政府、园区、企业、支持与保障体系四个维度对四种不同类型的产业功能区提出了各有侧重的实施要点。通过研究发现,生态圈内的不同产业功能区,在资源禀赋、规划设计、产业结构、运营方式上情况千差万别,先对其分类,再根据不同类型的共性,针对具体功能区的特点精准施策,是一个可行的办法。

10.2 未来展望

关于文旅体产业生态圈影响测度与提振策略的问题,尽管文旅体产业在实践上已先行,但是就目前的理论研究来看,它还是一个相对比较新的领域。基于“钻石模型”理论的创新,对文旅体产业生态圈影响测度进行研究,是本书所做的一项重要尝试。由于文旅体产业融合的发展是涉及多学科、多理论的应用研究,同时处于不断变化的动态过程中,我们在完成本书的过程中深切感受到,不管是在理论构建、逻辑思辨方面,还是在数据收集、评估机制建设方面,都还有待进一步深化和完善。一般而言,我们需要从以下几个方面做进一步的跟进研究:

10.2.1 进一步关注文旅体产业融合的发展

本书通过“新钻石模型”构建影响测度指标体系分析不可抗力因素对成都市文旅体产业生态圈的影响,并提出分区域提振策略。而在深入研究的过程中,目前的研究领域将产业融合作为一个整体的研究较少,从文化产业、旅游产业、体育产业的角度来看,目前对这一概念还没有统一的界定。总之,把文旅体产业作为一个系统的整体,大部分都是从理论上进行讨论,然而在实践中提出对策建议的研究较少。因此,在下一步的研究中,将文旅体产业视为整体,进一步深入探讨文旅体产业融合的动力机制、表现形式与实现路径,将成为一个热点话题。

10.2.2 进一步优化测度与评价方法

由于受研究领域、规模等因素的限制,本书尽量收集和整理已有的文献资料,在此基础上参考了相关的评价指标,采用多轮专家访谈、问卷调查等方式,从主观和客观两个角度出发,建立了成都市文旅体产业影响的测度指标。但是,现有的评估体系中的指标还不完善,缺乏对产业功能区的实地调研、数据跟踪整理等一系列数据的处理。下一步,学者们要通过产业功能区调研、数据跟踪、大数据分析等手段,对评估系统进行改进和实证分析,从而得到更加客观的、可信的结论。

10.2.3 进一步精准地制定和实施提振策略

出于数据的可获得性与可信性考虑,本书是建立在市域单元上的成都市文旅体产业区域性研究。在下一步研究中,学者们应该对产业生态圈中的各产业功能区进行长期实地考察,做好访谈调研,确保长期的追踪研究,从而更加科学地分析文旅体产业生态圈受到的影响,提出更加精准的分区域提振策略,为国内文旅体产业应对市场不确定性风险提供更具参考性的经验与建议。

参考文献

[1] 白银龙,郭腾杰,甘颂甜. 基于“钻石模型”的云南体育旅游产业发展研究[J]. 河北旅游职业学院学报,2018,23(3):42-45.

[2] 曹瑞化,张鹏海. 论我国体育创新人才培养的现状与系统性发展思路[J]. 教育与职业,2013(3):99-101.

[3] 曹宇. 基于“钻石模型”的文化产业融合研究[J]. 西南民族大学学报(人文社会科学版),2012,33(10):161-163.

[4] 陈飞,蔡建靖,谭楠,等. 新型冠状病毒疫情下对第十四届全运会之思考[J]. 南京体育学院学报,2020,19(5):7-12.

[5] 陈林会,刘青. 成渝地区双城经济圈体育产业融合发展研究[J]. 经济体制改革,2020(6):57-63.

[6] 陈淑娟,王蕾. 新冠疫情影响下文旅产业发展困境及对策建议[J]. 营销界,2020(31):46-47.

[7] 陈毅清,杨中民. 产业融合视角下安徽省体育旅游产业发展研究[J]. 曲阜师范大学学报(自然科学版),2017,43(2):108-113.

[8] 程林林. 体育的产业融合现象探析[J]. 成都体育学院学报,2005(3):22-25.

[9] 崔凤军. 新冠肺炎疫情对文旅产业的冲击与对策——兼论文旅产业的敏感性与脆弱性[J]. 台州学院学报,2020,42(1):1-5.

[10] 邓永兴. 体育服务行业:内容制造是关键[J]. 现代企业文化(上旬),2018(10):112-113.

[11] 董晓春,郭玉良. 基于“钻石模型”提升我国体育产业竞争力的对策研究

[J]. 沈阳体育学院学报,2012,31(1):20-23.

[12] 方永恒,周家羽. 体育旅游产业与文化创意产业融合发展模式研究[J]. 体育文化导刊,2018(2):93-98.

[13] 付小颖. 河南加快文化服务业发展的路径选择[J]. 学习论坛,2015,31(7):63-66.

[14] 高莉莉,顾江. 江苏区域文化产业竞争力动态分析及思考[J]. 南京社会科学,2013(4):150-156.

[15] 顾江,郭新茹. 科技创新背景下我国文化产业升级路径选择[J]. 东岳论丛,2010,31(7):72-75.

[16] 顾乃华,夏杰长. 我国主要城市文化产业竞争力比较研究[J]. 商业经济与管理,2007(12):52-57.

[17] 国务院关于加快发展体育产业促进体育消费的若干意见[J]. 辽宁省人民政府公报,2014(20):5-11.

[18] 韩霞. 文化服务业开放的政策取向分析[J]. 国家行政学院学报,2006(6):28-30.

[19] 何娟,孙润娟. 山西省民族传统体育文化旅游资源开发研究[J]. 武术研究,2020,5(10):108-110.

[20] 何文义. 体育产业与文旅产业融合发展研究[J]. 特区实践与理论,2019(5):103-107.

[21] 胡金星. 产业融合产生过程的模型研究[J]. 改革与战略,2010,26(12):111-114.

[22] 胡永佳. 产业融合的经济学分析[M]. 北京:中国经济出版社,2008.

[23] 黄群慧,霍景东. 产业融合与制造业服务化:基于一体化解决方案的多案例研究[J]. 财贸经济,2015(2):136-147.

[24] 黄鑫,储德平,林婷,等. 旅游产业融合对革命老区减贫的作用机制及其实践模式[J]. 资源开发与市场,2017,33(5):599-603.

[25] 黄益军,吕振奎. 文旅教体融合:内在机理、运行机制与实现路径[J]. 图书与情报,2019(4):44-52.

[26] 黄正廪. 基于钻石模型的遵义体育旅游发展研究[J]. 遵义师范学院学报,2013,15(3):54-58.

[27] 霍艳莲. 产业融合视阈下文化产业与旅游产业的融合效应、机理与路径[J]. 商业经济研究,2015(12):126-127.

[28] 姜广义,张天阳,薄潇男,等. 地域体育文化与生态旅游融合发展探析——以吉林省为例[J]. 山东体育学院学报,2019,35(6):54-60.

[29] 蒋鸿宇,揭筱纹,尹奇凤,等. 新冠疫情影响下四川文旅产业发展困境及对策建议[J]. 企业研究,2020(3):6-11.

[30] 蒋金鑫. 新冠肺炎疫情下我国体育产业发展的影响、机遇及策略[J]. 哈尔滨体育学院学报,2020,38(6):57-61.

[31] 金龙. 文旅融合背景下公共图书馆研学旅游服务创新策略[J]. 图书馆工作与研究,2019(5):123-128.

[32] 金雯,陈舒. 新常态背景下江苏文化产业融合发展的实践演进与路径优化[J]. 江苏社会科学,2016(6):262-266.

[33] 金媛媛,李骁天,李凯娜. 基于企业成长视角的体育产业、文化产业与旅游产业融合机制的研究[J]. 首都体育学院学报,2016,28(6):488-492.

[34] 康林善,妙学春. 体育文化旅游产业融合发展的"金昌实践"[J]. 生产力研究,2020(8):114-117.

[35] 兰燕,陈刚. 我国体育服务产业高质量发展的对策研究[J]. 福建体育科技,2020,39(3):1-4.

[36] 李丽,徐佳. 中国文旅产业融合发展水平测度及其驱动因素分析[J]. 统计与决策,2020,36(20):49-52.

[37] 李萱. 产业融合:文化产业创新的强大动力[J]. 郑州大学学报(哲学社会科学版),2008(4):10-11.

[38] 李燕燕,兰自力,陈锡尧. 我国体育产业融合的特征、类型及实现机制[J]. 首都体育学院学报,2015,27(6):488-492.

[39] 李燕燕,兰自力,陈锡尧. 我国体育产业融合的特征、类型及实现机制[J]. 首都体育学院学报,2015,27(6):488-492.

[40] 李永宠. 论旅游服务业[J]. 经济问题,2013(12):110-112.
[41] 厉无畏,王慧敏. 国际产业发展的三大趋势分析[J]. 上海社会科学院学术季刊,2002(2):53-60.
[42] 林凇. 文化产业融合的动力机制研究——基于自组织理论与文化自觉的视角[J]. 湖南大学学报(社会科学版),2020,34(5):71-77.
[43] 刘鼎伟,庞俊鹏. 新型冠状病毒肺炎疫情对体育培训业发展的影响:危机与路径[J]. 体育研究与教育,2020,35(6):32-34.
[44] 刘金祥. 新冠疫情下推动我国文旅产业融合发展[N]. 深圳特区报,2020-05-12.
[45] 刘奎汝. 论产业融合的动因及促进措施[J]. 中国管理信息化,2015,18(10):182-183.
[46] 刘玲,吉丽娜,张聪. 茶文化与遵义体育旅游融合的策略研究[J]. 福建茶叶,2020,42(7):263-264.
[47] 刘锐. 基于"新钻石模型"的《赫芬顿邮报》"中年危机"研究[J]. 编辑之友,2017(8):106-112.
[48] 刘逸,陈銮,黄凯旋,等. 旅游服务业产业升级微观机制研究——以张家界武陵源为例[J]. 地域研究与开发,2020,39(3):105-110.
[49] 卢新新. 基于"钻石模型"的旅游产业竞争力研究——以三亚市为例[J]. 江苏商论,2020(8):59-62.
[50] 吕雁琴,张婷,陶德金. 创新驱动、产业融合与旅游产业结构演化——基于新疆旅游产业融合创新的分析[J]. 价格理论与实践,2019(12):174-177.
[51] 栾惠德. 外部冲击与旅游业的发展:以"非典"为例[J]. 统计与信息论坛,2009,24(1):66-69.
[52] 栾开印. 从疫情背景下的文旅政策看文旅救市[J]. 人文天下,2020(19):29-34.
[53] 罗栋,程承坪. 旅游产业融合过程中的协同创新研究——以旅游与演艺产业融合为例[J]. 湘潭大学学报(哲学社会科学版),2015,39(1):70-73.

[54] 罗丽丽. 河南省旅游产业竞争力的培育与提升[J]. 河南大学学报(社会科学版),2006(6):60-63.
[55] 马健. 产业融合理论研究评述[J]. 经济学动态,2002(5):78-81.
[56] 彭虹,王硕. 福建省水产品国际竞争力影响因素分析——基于一般化“双钻石模型”[J]. 重庆文理学院学报(社会科学版),2020,39(1):30-37.
[57] 齐健麟,郑志强. 中国体育用品业的产业竞争力探析[J]. 体育学刊,2006(4):26-28.
[58] 钱正元,周娟. 基于“新钻石模型”的扬州市体育旅游产业竞争力分析[J]. 现代营销(下旬刊),2018(8):117-119.
[59] 邱晓兰,余建辉,戴永务. 低碳视角下中国造纸产业国际竞争力影响因素分析——基于一般化双钻石模型[J]. 福建论坛(人文社会科学版),2015(2):39-45.
[60] 芮明杰. 产业竞争力的“新钻石模型”[J]. 社会科学,2006(4):68-73.
[61] 单继伟. 基于“钻石模型”分析的温州体育旅游产业发展研究[J]. 浙江体育科学,2015,37(3):36-39.
[62] 单元媛,赵玉林. 国外产业融合若干理论问题研究进展[J]. 经济评论,2012(5):152-160.
[63] 舒成利,智勇. 我国体育产业创新能力与发展策略研究[J]. 体育文化导刊,2007(5):41-44.
[64] 苏建军,关丽,贾玉章. 价值共创促进体育旅游产业深度融合的机理与对策研究[J]. 南京体育学院学报,2020,19(10):13-16.
[65] 孙靖皓,陈冰清,杜长亮. “钻石模型”视域下江苏省体育产业发展研究[J]. 体育文化导刊,2019(7):93-99.
[66] 孙素玲,臧云辉. 我国体育服务业发展现状、问题及对策[J]. 首都体育学院学报,2015,27(6):500-504.
[67] 唐亮. 新冠肺炎疫情常态化防控背景下文旅企业的发展[J]. 吉林工商学院学报,2020,36(5):32-34.
[68] 王冲,司嵬. 新时代旅游强省的科学内涵及其评价体系构建[J]. 四川师范

大学学报(社会科学版),2019,46(6):81-89.

[69] 王峰,王永刚,赵海燕.我国体育旅游产业创新驱动与路径研究[J].沈阳体育学院学报,2016,35(4):22-26.

[70] 王慧玲,温艳玲.区域旅游产业竞争力评价研究[J].经济纵横,2012(12):48-50.

[71] 王萌.文旅行业基于新冠疫情冲击对在线旅游可持续发展路径的探索研究[J].吉林广播电视大学学报,2020(7):74-75.

[72] 王翔,肖挺.产业融合视角下服务业企业商业模式创新绩效分析[J].技术经济,2015,34(5):48-57.

[73] 王兴元,孙平.高新技术产业集群创新体系"双钻石"框架模型[J].科技管理研究,2005(12):103-107.

[74] 王星云.论产业融合的税收激励:机理与制度优化[J].云南社会科学,2019(2):63-69.

[75] 王雅伦,刘洋,吴珏.新型冠状病毒肺炎疫情对体育产业影响的预测研究[J].成都体育学院学报,2020,46(2):62-69.

[76] 王志民.江苏省区域旅游产业与科技创新协同度研究[J].世界地理研究,2016,25(6):158-165.

[77] 魏小安,付磊.旅游业受"非典"影响情况分析及对几个相关问题的辨析[J].旅游学刊,2003(4):14-23.

[78] 邬燕,周国忠.基于博弈论的会展产业融合模式研究[J].浙江学刊,2018(1):118-125.

[79] 谢文浩,曾栋材.基于"新钻石模型"的广东省新能源汽车产业竞争力评价实证研究[J].科技管理研究,2019,39(9):56-61.

[80] 徐骎.入世后我国旅游服务业亟需增强竞争力[J].上海企业,2003(9):31-33.

[81] 严奇春,和金生.知识创新视角下的产业融合分析[J].科技进步与对策,2013,30(3):55-59.

[82] 颜姜慧,尤莉娟.基于钻石模型的省域文化产业对外贸易竞争力评价[J].

统计与决策,2019,35(6):58-61.

[83] 杨添朝,刘天."后疫情"时期我国体育产业的短期危机与长期机遇[J].湖北体育科技,2020,39(10):862-865.

[84] 杨学义.市场化与创新:陕西文化产业发展的战略选择[J].理论导刊,2005(7):55-56.

[85] 杨懿,时蓓蓓.健康旅游产业融合发展:动力、机理与路径[J].湖湘论坛,2020,33(5):126-135.

[86] 姚伟钧.高校文化产业人才培养现状与创新的思考[J].福建论坛(人文社会科学版),2011(2):14-16.

[87] 姚欣雨.体育旅游产业与文化创意产业融合发展模式研究[J].现代营销(下旬刊),2018(11):90.

[88] 尹宏,王苹.文化、体育、旅游产业融合:理论、经验和路径[J].党政研究,2019(2):120-128.

[89] 于刃刚.三次产业分类与产业融合趋势[J].经济研究参考,1997(25):46-47.

[90] 余晓钟,杨洋,魏新.新疆石油企业中亚竞合能力研究——基于"综合双钻石模型"的分析[J].新疆师范大学学报(哲学社会科学版),2016,37(1):140-145.

[91] 袁俊.深圳市旅游业与文化产业互动发展模式研究[J].热带地理,2011,31(1):82-87.

[92] 岳德虎.基于"钻石模型"的广西文化产业实证分析[J].科技管理研究,2012,32(22):221-225.

[93] 臧彤,王海坤.体育、文化、旅游产业融合发展的困境与思考[J].长春大学学报,2019,29(12):82-85.

[94] 曾燕萍,康玮.中国文化服务业企业全要素生产率变动及其影响因素研究——基于 DEA - Malmquist 指数法的分析[J].上海经济研究,2019(5):63-72.

[95] 翟峰."后疫情时代"四川文旅产业何以新发展[J].决策咨询,2020(5):8-11.

[96] 张春香. 基于钻石模型的区域文化旅游产业竞争力评价研究[J]. 管理学报,2018,15(12):1781－1788.

[97] 张瀚月. 体育产业和文化产业融合研究:机制、路径、模式——以湖北省为例[J]. 湖北体育科技,2018,37(6):488－491.

[98] 张奎,张春河. "文化＋互联网"语境下我国文化产业融合发展路径探究[J]. 出版广角,2019(10):13－16.

[99] 张林玲. 四川省体育产业竞争力研究——基于双钻石模型[J]. 四川体育科学,2015,34(1):109－112.

[100] 张韶帅. 新冠疫情冲击与文旅产业发展[C]//2020 中国旅游科学年会论文集疫情应对. 2020.

[101] 张世雯,钟一博. 钻石模型视角下的西藏文化旅游产业发展分析研究[J]. 阿坝师范学院学报,2020,37(2):61－67.

[102] 张武康. "丝绸之路"背景下陕西文化旅游产业国际竞争力演进评价[J]. 西安财经学院学报,2017,30(5):63－71.

[103] 赵珏,张士引. 产业融合的效应、动因和难点分析——以中国推进"三网融合"为例[J]. 宏观经济研究,2015(11):56－62.

[104] 赵黎明. 经济学视角下的旅游产业融合[J]. 旅游学刊,2011,26(5):7－8.

[105] 赵强,申顺发. 体育产业融合发展与"体育城市"的系统构架研究——以天津为例[J]. 广州体育学院学报,2020,40(1):39－42.

[106] 钟秉枢,黄志剑,王凯,等. 困境与应对:聚焦新型冠状病毒肺炎疫情对体育事业的影响[J]. 体育学研究,2020,34(2):9－33.

[107] 周平,刘婷,熊少波. 民族传统节庆体育与旅游产业融合发展研究——以黔东南苗族传统节庆体育为例[J]. 广州体育学院学报,2017,37(6):50－53.

[108] 周宇,惠宁. 试论产业融合的动因、类型及其对经济发展的影响[J]. 山西师范大学学报(社会科学版),2014,41(5):56－60.

[109] 朱维洁. 试论文化产业融合的动因[J]. 河南师范大学学报(哲学社会科

学版),2009,36(5):203－204.

[110] Blackman C R. Convergence between Telecommunications and Other Media: How Should Regulation Adapt? [J]. Telecommunications Policy, 1998, 22 (3):163－170.

[111] Bröring S, Leker J. Industry Convergence and Its Implications for the Front End of Innovation: A Problem of Absorptive Capacity [J]. Creativity and Innovation Management, 2007, 16(2):165－175.

[112] Choi D, Valikangas L. Patterns of Strategy Innovation[J]. European Management Journal, 2001, 19(4):424－429.

[113] Curran C S. The Anticipation of Converging Industries [M]. London: Springer, 2013.

[114] Hacklin F, Marxt C, Fahrni F. Coevolutionary Cycles of Convergence: An Extrapolation from the ICT Industry[J]. Technological Forecasting & Social Change, 2009, 76(6):723－736.

[115] Hu S H, Zhang J X. Research into Strategic Innovation Based on Industry Amalgamation[C]. 2007 International Conference on Dtrategic Management. 2007.

[116] Moon H C, Rugman A M, Verbeke A. A Generalized Double Diamond Approach to the Global Competitiveness of Korea and Singapore [J]. International Business Review, 1998, 7(2):135－150.

[117] Nathalie S, Nina P, Jens L, et al. A New Framework to Assess Industry Convergence in High Technology Environments[J]. Technovation, 2018, 84/85:48－58.

[118] Rosenberg N. Technological Change in the Machine Tool Industry, 1840－1910: Discussion [J]. The Journal of Economic History, 1963, 23 (4): 444－446.

[119] Yoffie D. Competing in the Age of Digital Convergence [J]. California Management Review, 1996, 38(4).

附　录

附录1　成都市文旅体产业生态圈影响测度指标评价专家问卷

前言(略)

第一部分　指标体系说明(说明性文字略)

附表1　文旅体生态圈的影响测度指标体系

序号	一级指标 A	二级指标 B
1	生产要素 A1	企业投资额 B11
2		投资企业数量 B12
3		企业投资方式 B13
4	需求条件 A2	国内需求 B21
5		国际需求 B22
6		消费结构 B23
7	相关产业和支持产业的表现 A3	交通运输业 B31
8		影视娱乐产业 B32
9		教育产业 B33
10		信息产业 B34
11		医疗卫生保障 B35

续表

序号	一级指标 A	二级指标 B
12	战略/结构/竞争对手 A4	园区运营管理方式 B41
13		园区运营服务 B42
14		园区运营规划 B43
15		园区综合竞争力 B44
16		文旅体产业替代品 B45
17	政府行为 A5	政府财政拨款 B51
18		政府执行情况 B52
19		政府政策 B53
20		宣传推广 B54
21		营商环境 B55
22		知识产权保护 B56
23		政府应急管理能力 B57
24	机遇 A6	传播机遇 B61
25		国际态势 B62
26		创新机遇 B63
27	创新能力 A7	产品创新能力 B71
28		市场创新能力 B72
29		技术创新能力 B73
30		产业融合创新能力 B74
31		人才创新能力 B75
32	企业经营 A8	企业绩效 B81
33		企业规模 B82
34		企业创新 B83
35		企业发展潜力 B84
36		企业营商环境 B85

第二部分　填写说明(略)

第三部分　评价问卷

(一)生产要素:企业投资额、投资企业数量、企业投资方式

1. 不可抗力因素对企业在文旅体产业生态圈内投资金额的影响

①非常不需要。　②不需要。　③比较不需要。　④一般需要。

⑤比较需要。　⑥需要。　⑦非常需要。

2. 不可抗力因素对投资产业生态圈企业数量的影响

①非常不需要。　②不需要。　③比较不需要。　④一般需要。

⑤比较需要。　⑥需要。　⑦非常需要。

3. 不可抗力因素对企业投资产业生态圈方式的影响

①非常不需要。　②不需要。　③比较不需要。　④一般需要。

⑤比较需要。　⑥需要。　⑦非常需要。

建议新增指标:

(二)需求条件:国内需求、国际需求、消费结构

1. 不可抗力因素对国内文旅体产业消费人数、产业消费收入的影响

①非常不需要。　②不需要。　③比较不需要。　④一般需要。

⑤比较需要。　⑥需要。　⑦非常需要。

2. 不可抗力因素对入境文旅体产业消费人数,国际文旅体产业消费收入的影响

①非常不需要。　②不需要。　③比较不需要。　④一般需要。

⑤比较需要。　⑥需要。　⑦非常需要。

3. 不可抗力因素对居民文旅体消费占总消费比重的影响

①非常不需要。　②不需要。　③比较不需要。　④一般需要。

⑤比较需要。　⑥需要。　⑦非常需要。

建议新增指标：

（三）相关产业和支持产业的表现：交通运输业、影视娱乐产业、教育产业、信息产业、医疗卫生保障

1. 在不可抗力因素下，交通运输业对文旅体产业生态圈的作用

①非常不需要。 ②不需要。 ③比较不需要。 ④一般需要。

⑤比较需要。 ⑥需要。 ⑦非常需要。

2. 在不可抗力因素下，影视娱乐产业对文旅体产业生态圈的作用

①非常不需要。 ②不需要。 ③比较不需要。 ④一般需要。

⑤比较需要。 ⑥需要。 ⑦非常需要。

3. 在不可抗力因素下，教育产业对文旅体产业生态圈的作用

①非常不需要。 ②不需要。 ③比较不需要。 ④一般需要。

⑤比较需要。 ⑥需要。 ⑦非常需要。

4. 在不可抗力因素下，信息产业对文旅体产业生态圈的作用

①非常不需要。 ②不需要。 ③比较不需要。 ④一般需要。

⑤比较需要。 ⑥需要。 ⑦非常需要。

5. 在不可抗力因素下，医疗卫生保障对文旅体产业生态圈的作用

①非常不需要。 ②不需要。 ③比较不需要。 ④一般需要。

⑤比较需要。 ⑥需要。 ⑦非常需要。

建议新增指标：

（四）战略/结构/竞争对手：园区运营管理方式、园区运营服务、园区运营规划、园区综合竞争力、文旅体产业替代品

1. 不可抗力因素对园区运营管理方式转变的影响

①非常不需要。 ②不需要。 ③比较不需要。 ④一般需要。

⑤比较需要。 ⑥需要。 ⑦非常需要。

2. 不可抗力因素对园区运营服务质量提升的影响

①非常不需要。 ②不需要。 ③比较不需要。 ④一般需要。

⑤比较需要。 ⑥需要。 ⑦非常需要。

3. 不可抗力因素对园区运营规划的影响

①非常不需要。 ②不需要。 ③比较不需要。 ④一般需要。

⑤比较需要。 ⑥需要。 ⑦非常需要。

4. 不可抗力因素对园区综合竞争力的影响

①非常不需要。 ②不需要。 ③比较不需要。 ④一般需要。

⑤比较需要。 ⑥需要。 ⑦非常需要。

5. 在不可抗力因素下，文旅体产业替代品（如线上旅游）对产业生态圈/产业功能区的影响

①非常不需要。 ②不需要。 ③比较不需要。 ④一般需要。

⑤比较需要。 ⑥需要。 ⑦非常需要。

建议新增指标：

____

（五）政府行为：政府财政拨款、政府执行情况、政府政策、宣传推广、营商环境、知识产权保护、政府应急管理能力

1. 不可抗力因素对政府承诺拨款金额的影响

①非常不需要。 ②不需要。 ③比较不需要。 ④一般需要。

⑤比较需要。 ⑥需要。 ⑦非常需要。

2. 不可抗力因素对政府拨款金额执行情况的影响

①非常不需要。 ②不需要。 ③比较不需要。 ④一般需要。

⑤比较需要。 ⑥需要。 ⑦非常需要。

3. 不可抗力因素对政府颁布关于文旅体产业的条例条规、政策的影响

①非常不需要。 ②不需要。 ③比较不需要。 ④一般需要。

⑤比较需要。 ⑥需要。 ⑦非常需要。

4. 不可抗力因素对政府对文旅体产业生态圈宣传力度的影响

①非常不需要。 ②不需要。 ③比较不需要。 ④一般需要。

⑤比较需要。 ⑥需要。 ⑦非常需要。

5. 不可抗力因素对政府营商环境的影响

①非常不需要。 ②不需要。 ③比较不需要。 ④一般需要。

⑤比较需要。 ⑥需要。 ⑦非常需要。

6. 不可抗力因素对政府知识产权保护的影响

①非常不需要。 ②不需要。 ③比较不需要。 ④一般需要。

⑤比较需要。 ⑥需要。 ⑦非常需要。

7. 不可抗力因素对政府面对重大公共卫生事件应急能力的影响

①非常不需要。 ②不需要。 ③比较不需要。 ④一般需要。

⑤比较需要。 ⑥需要。 ⑦非常需要。

建议新增指标：

(六)机遇：传播机遇、国际态势、创新机遇

1. 在不可抗力因素下，通过新媒体宣传给产业生态圈带来的机遇

①非常不需要。 ②不需要。 ③比较不需要。 ④一般需要。

⑤比较需要。 ⑥需要。 ⑦非常需要。

2. 国外内应对不确定性风险的对比，给产业生态圈带来的机遇

①非常不需要。 ②不需要。 ③比较不需要。 ④一般需要。

⑤比较需要。 ⑥需要。 ⑦非常需要。

3. 不可抗力因素对产业生态圈创新活动的刺激

①非常不需要。 ②不需要。 ③比较不需要。 ④一般需要。

⑤比较需要。 ⑥需要。 ⑦非常需要。

建议新增指标：

(七)创新能力:产品创新能力、市场创新能力、技术创新能力、产业融合创新能力、人才创新能力

1. 不可抗力因素对产业生态圈内产品创新能力提升的影响

①非常不需要。 ②不需要。 ③比较不需要。 ④一般需要。

⑤比较需要。 ⑥需要。 ⑦非常需要。

2. 不可抗力因素对产业生态圈内市场创新能力提升的影响

①非常不需要。 ②不需要。 ③比较不需要。 ④一般需要。

⑤比较需要。 ⑥需要。 ⑦非常需要。

3. 不可抗力因素对产业生态圈内技术创新能力提升的影响

①非常不需要。 ②不需要。 ③比较不需要。 ④一般需要。

⑤比较需要。 ⑥需要。 ⑦非常需要。

4. 不可抗力因素对产业生态圈内产业融合创新能力提升的影响

①非常不需要。 ②不需要。 ③比较不需要。 ④一般需要。

⑤比较需要。 ⑥需要。 ⑦非常需要。

5. 不可抗力因素对产业生态圈内人才创新能力提升的影响

①非常不需要。 ②不需要。 ③比较不需要。 ④一般需要。

⑤比较需要。 ⑥需要。 ⑦非常需要。

建议新增指标:

(八)企业经营:企业绩效、企业规模、企业创新、企业发展潜力、企业营商环境

1. 不可抗力因素对产业生态圈内企业绩效状况的影响

①非常不需要。 ②不需要。 ③比较不需要。 ④一般需要。

⑤比较需要。 ⑥需要。 ⑦非常需要。

2. 不可抗力因素对产业生态圈内企业规模大小的影响

①非常不需要。 ②不需要。 ③比较不需要。 ④一般需要。

⑤比较需要。 ⑥需要。 ⑦非常需要。

3. 不可抗力因素对产业生态圈内企业创新能力提升的影响

①非常不需要。 ②不需要。 ③比较不需要。 ④一般需要。

⑤比较需要。 ⑥需要。 ⑦非常需要。

4. 不可抗力因素对产业生态圈内企业发展潜力的影响

①非常不需要。 ②不需要。 ③比较不需要。 ④一般需要。

⑤比较需要。 ⑥需要。 ⑦非常需要。

5. 不可抗力因素对产业生态圈内企业营商环境的影响

①非常不需要。 ②不需要。 ③比较不需要。 ④一般需要。

⑤比较需要。 ⑥需要。 ⑦非常需要。

建议新增指标：

____

您对上述指标体系如果还有任何赐教，请写在下面：

____

本问卷到此结束，再次感谢您的参与！

附录2 指标重要性评价专家问卷

前言(略)

第一部分 填表说明(略)

第二部分 填写规则

调查问卷包含的题目全部为两两对比,并给出特定的标度和相应的含义,具体见附表2、附表3。

附表2 标度含义说明

标度	含义
1	两元素比较,具有同样重要性
3	两元素比较,i比j稍微重要
5	两元素比较,i比j比较重要
7	两元素比较,i比j非常重要
9	两元素比较,i比j极端重要
2、4、6、8	重要值介于上述判断之间
倒数	元素i与元素j的反向比较

附表3 标度含义具体说明

数值	1/9	1/7	1/5	1/3	1	3	5	7	9
甲比乙	极端不重要	非常不重要	比较不重要	稍微不重要	同样重要	稍微重要	比较重要	非常重要	极端重要

请根据各指标与不可抗力因素对文旅体产业生态圈影响测度的相关性,对文旅体产业生态圈影响测度的密切程度给予不同的数值。如下两点需要特别说明:

1. 表格“灰色”部分无须填写

2. 比较需具有一致性，若 A 比 B 重要(A > B)，且 B 比 C 重要(B > C)，则 A 亦比 C 重要(A > C)，即 A > B > C

第三部分　问卷内容

1. 一级指标重要性对比

附表 4　一级指标重要性对比分析

甲＼乙	生产要素	需求条件	相关产业和支持产业的表现	战略/结构/竞争对手	政府行为	机遇	创新能力	企业经营
生产要素	—							
需求条件	—	—						
相关产业和支持产业的表现	—	—	—					
战略/结构/竞争对手	—	—	—	—				
政府行为	—	—	—	—	—			
机遇	—	—	—	—	—	—		
创新能力	—	—	—	—	—	—	—	
企业经营	—	—	—	—	—	—	—	—

2. 二级指标重要性对比

附表 5　生产要素(B1)指标重要性对比分析

甲＼乙	企业投资额	企业投资方式	企业投资能力
企业投资额	—		
企业投资方式	—	—	
企业投资能力	—	—	—

附表 6 需求条件(B2)指标重要性对比分析

甲＼乙	国内需求	国际需求	消费结构	居民消费能力
国内需求	—			
国际需求	—	—		
消费结构	—	—	—	
居民消费能力	—	—	—	—

附表 7 相关产业和支持产业的表现(B3)指标重要性对比分析

甲＼乙	交通运输业	信息产业	医疗卫生保障	餐饮住宿行业
交通运输业	—			
信息产业	—	—		
医疗卫生保障	—	—	—	
餐饮住宿行业	—	—	—	—

附表 8 战略/结构/竞争对手(B4)指标重要性对比分析

甲＼乙	园区运营管理方式	园区运营服务	园区运营规划	园区综合竞争力	文旅体产业替代品
园区运营管理方式	—				
园区运营服务	—	—			
园区运营规划	—	—	—		
园区综合竞争力	—	—	—	—	
文旅体产业替代品	—	—	—	—	—

附表 9 政府行为(B5)指标重要性对比分析

甲＼乙	政府财政拨款	政府执行情况	政府政策	宣传推广	营商环境	政府应急管理能力
政府财政拨款	—					
政府执行情况	—	—				
政府政策	—	—	—			
宣传推广	—	—	—	—		
营商环境	—	—	—	—	—	
政府应急管理能力	—	—	—	—	—	—

附表 10　机遇(B6)指标重要性对比分析

甲＼乙	传播机遇	国际态势	创新机遇
传播机遇	—		
国际态势	—	—	
创新机遇	—	—	—

附表 11　创新能力(B7)指标重要性对比分析

甲＼乙	产品创新能力	市场创新能力	技术创新能力	产业融合创新能力	人才创新能力
产品创新能力	—				
市场创新能力	—	—			
技术创新能力	—	—	—		
产业融合创新能力	—	—	—	—	
人才创新能力	—	—	—	—	—

附表 12　企业经营(B8)指标重要性对比分析

甲＼乙	财务绩效	企业规模	企业创新	企业发展潜力
财务绩效	—			
企业规模	—	—		
企业创新	—	—	—	
企业发展潜力	—	—	—	—

问卷到此结束,感谢您在百忙之中抽出时间参加此次调研,再次对您的参与和帮助致以衷心感谢!

附录3　调查问卷

第一部分　基本信息

1. 您的从业是：

A. 旅游产业　B. 文创产业　C. 体育产业　D. 政府与公共服务

E. 相关领域的教育培训、咨询研究等行业　F. 其他(请注明)________

2. 您所在工作单位的性质

A. 政府机关或事业单位　B. 各种协会等产业团体　C. 国有或国有企业

D. 私营企业　E. 外商投资公司　F. 民间非政府组织

G. 其他(请注明)________

3. 您的性别：

A. 男　B. 女

4. 您的年龄是：

A. 20～29岁　B. 30～39岁　C. 40～49岁　D. 50岁及以上

第二部分　问卷正文

1. 在不可抗力因素下，投资者减少了对成都文旅体产业的投资额

①非常不同意。　②不同意。　③比较不同意。　④一般同意。

⑤比较同意。　⑥同意。　⑦非常同意。

2. 在不可抗力因素下，投资者对成都文旅体产业投资方式由单一投资某一产业向产业融合多元化投资方向发展

①非常不同意。　②不同意。　③比较不同意。　④一般同意。

⑤比较同意。　⑥同意。　⑦非常同意。

3. 在不可抗力因素下，投资者投资成都文旅体产业的能力削弱

①非常不同意。　②不同意。　③比较不同意。　④一般同意。

⑤比较同意。　⑥同意。　⑦非常同意。

4. 在不可抗力因素下,居民的消费能力下降了

①非常不同意。　②不同意。　③比较不同意。　④一般同意。

⑤比较同意。　⑥同意。　⑦非常同意。

5. 在不可抗力因素下,居民文旅体消费占总消费的比重下降了

①非常不同意。　②不同意。　③比较不同意。　④一般同意。

⑤比较同意。　⑥同意。　⑦非常同意。

6. 在不可抗力因素下,国内客户/顾客对成都文旅体产业的消费减少了

①非常不同意。　②不同意。　③比较不同意。　④一般同意。

⑤比较同意。　⑥同意。　⑦非常同意。

7. 在不可抗力因素下,国外客户/顾客对成都文旅体产业的消费减少了

①非常不同意。　②不同意。　③比较不同意。　④一般同意。

⑤比较同意。　⑥同意。　⑦非常同意。

8. 不可抗力因素对成都的交通运输业造成了不利的影响

①非常不同意。　②不同意。　③比较不同意。　④一般同意。

⑤比较同意。　⑥同意。　⑦非常同意。

9. 不可抗力因素对成都的信息产业造成了不利的影响

①非常不同意。　②不同意。　③比较不同意。　④一般同意。

⑤比较同意。　⑥同意。　⑦非常同意。

10. 不可抗力因素对成都的医疗卫生产业造成了不利的影响

①非常不同意。　②不同意。　③比较不同意。　④一般同意。

⑤比较同意。　⑥同意。　⑦非常同意。

11. 不可抗力因素对成都的餐饮住宿行业造成了不利的影响

①非常不同意。　②不同意。　③比较不同意。　④一般同意。

⑤比较同意。　⑥同意。　⑦非常同意。

12. 总体上看,成都文旅体产业生态圈内的国际旅游度假区、文化创意旅游产业功能区、文创城、创意园等产业园区的运营管理方式发生了改变

①非常不同意。　②不同意。　③比较不同意。　④一般同意。

⑤比较同意。 ⑥同意。 ⑦非常同意。

13. 总体上看,前述产业园区的运营服务质量得到了提升

①非常不同意。 ②不同意。 ③比较不同意。 ④一般同意。

⑤比较同意。 ⑥同意。 ⑦非常同意。

14. 总体上看,前述产业园区的运营规划发生了改变

①非常不同意。 ②不同意。 ③比较不同意。 ④一般同意。

⑤比较同意。 ⑥同意。 ⑦非常同意。

15. 总体上看,前述产业园区的综合竞争力有所下降

①非常不同意。 ②不同意。 ③比较不同意。 ④一般同意。

⑤比较同意。 ⑥同意。 ⑦非常同意。

16. 总体上看,文旅体产业替代品(如线上旅游等)对产业生态圈/产业功能区造成了实质性的冲击

①非常不同意。 ②不同意。 ③比较不同意。 ④一般同意。

⑤比较同意。 ⑥同意。 ⑦非常同意。

17. 政府承诺,在不可抗力因素下要增加对成都文旅体产业的各种补贴及资金支持

①非常不同意。 ②不同意。 ③比较不同意。 ④一般同意。

⑤比较同意。 ⑥同意。 ⑦非常同意。

18. 政府的前述承诺得到了有效执行

①非常不同意。 ②不同意。 ③比较不同意。 ④一般同意。

⑤比较同意。 ⑥同意。 ⑦非常同意。

19. 在不可抗力因素下,各级政府做出了有利于成都文旅体产业发展的政策变化

①非常不同意。 ②不同意。 ③比较不同意。 ④一般同意。

⑤比较同意。 ⑥同意。 ⑦非常同意。

20. 在不可抗力因素下,政府加大了对成都文旅体产业的宣传力度

①非常不同意。 ②不同意。 ③比较不同意。 ④一般同意。

⑤比较同意。 ⑥同意。 ⑦非常同意。

21. 目前营商环境发生了有利于成都文旅体产业发展的改变

①非常不同意。 ②不同意。 ③比较不同意。 ④一般同意。

⑤比较同意。 ⑥同意。 ⑦非常同意。

22. 在不可抗力因素下,政府面对重大公共卫生事件应急能力有所提升。

①非常不同意。 ②不同意。 ③比较不同意。 ④一般同意。

⑤比较同意。 ⑥同意。 ⑦非常同意。

23. 在不可抗力因素下,新媒体的发展对成都文旅体产业是有利的

①非常不同意。 ②不同意。 ③比较不同意。 ④一般同意。

⑤比较同意。 ⑥同意。 ⑦非常同意。

24. 国内应对风险比国外做得更好,这给成都文旅体产业带来了机会

①非常不同意。 ②不同意。 ③比较不同意。 ④一般同意。

⑤比较同意。 ⑥同意。 ⑦非常同意。

25. 从总体上看,不可抗力因素刺激了成都文旅体产业的创新活动

①非常不同意。 ②不同意。 ③比较不同意。 ④一般同意。

⑤比较同意。 ⑥同意。 ⑦非常同意。

26. 在不可抗力因素下,成都文旅体产业的产品创新能力有所提升,推出了更多的新产品

①非常不同意。 ②不同意。 ③比较不同意。 ④一般同意。

⑤比较同意。 ⑥同意。 ⑦非常同意。

27. 在不可抗力因素下,成都文旅体产业的市场创新能力有所提升,在市场推广方面有新的举措

①非常不同意。 ②不同意。 ③比较不同意。 ④一般同意。

⑤比较同意。 ⑥同意。 ⑦非常同意。

28. 在不可抗力因素下,成都文旅体产业的技术创新能力有所提升

①非常不同意。 ②不同意。 ③比较不同意。 ④一般同意。

⑤比较同意。 ⑥同意。 ⑦非常同意。